Välkomna!

Schwedisch
Arbeitsbuch

von
Margareta Paulsson

Ernst Klett Sprachen
Barcelona · Belgrad · Budapest ·
Ljubljana · London · Posen · Prag · Sofia ·
Stuttgart · Zagreb

Välkomna!

Schwedisch

Arbeitsbuch

von
Margareta Paulsson

Beratung:
Christina Erikson, Folkuniversitetet Göteborg
Sonja Guhl, VHS und Universität, Hannover

1. Auflage 1 4 3 | 2009 08 07

Alle Drucke dieser Auflage können im Unterricht nebeneinander benutzt werden, sie sind untereinander unverändert. Die letzte Zahl bezeichnet das Jahr dieses Druckes.

Internetadresse: http://www.klett.de

Redaktion: Elisabetta Nöldeke
Illustrationen: Henrik Gallon, Stockholm
Layoutkonzeption: Marion Köster
Satz: Satzkiste – Böhler · Frerichs · Warkus GbR, Stuttgart
Umschlagfotos: Junge Frau: Corbis/Zefa/Benz; Leuchtturm: Corbis/Zefa/Benz; Stadtbild: istockphoto/RF/Lundgren; Flagge: www.imagebank.sweden.se/Richard Ryan; Elchschild: Corbis/MacDuff Everton; Haus mit Grasdach: istockphoto/RF/Poom
Druck: Gutmann + Co. GmbH, Talheim · Printed in Germany

ISBN-13: 978-3-12-527943-8

9 783125 279438

Liebe Schwedischlernerinnen,
liebe Schwedischlerner,

dieses Arbeitsbuch ist die ideale Ergänzung zu Ihrem Schwedisch-Lehrbuch *Välkomna!*. Die vielen und abwechslungsreichen Übungen bieten Ihnen die Möglichkeit, den im Kurs durchgenommenen Lernstoff zu Hause in Ruhe zu vertiefen und zu festigen. Zu jeder Übung finden Sie einen Verweis auf das Lehrbuch (z. B.: A1: Wortschatz; A5: Grammatik), damit Sie sich immer sicher orientieren können. Die drei Wiederholungslektionen (Repetitioner) enthalten Tests zur eigenständigen Überprüfung Ihres Lernfortschritts.

Im Anhang finden Sie eine systematische Grammatik zum Nachschlagen. Auch hier helfen Ihnen Verweise auf das Schülerbuch (z. B.: Lektion 1), den Überblick über den Lernstoff jederzeit vor Augen zu haben.

Da das Arbeitsbuch hauptsächlich für die Arbeit zu Hause gedacht ist, finden Sie im Anhang die Lösungen zu den Übungen. Ein Einsatz im Unterricht ist jedoch selbstverständlich jederzeit möglich.

Wir wünschen Ihnen viel Erfolg und viel Spaß beim Lösen der unterschiedlichen Übungen und Rätsel!

Ihre Autorin
Ihre Redaktion

Inhalt

1_Välkomna

1 **Schreiben Sie die Sätze.** A: Auftakt, Wendungen

1. varsågodochkomin ______________________________
2. välkomnatillsvenskkursen ______________________________

2 **Vervollständigen Sie die Sätze. Verwenden Sie die angegebenen Wörter.** A 1: Wendungen

från | jag | kommer | vad | varifrån

1. Hej! ____________ heter Anna.
2. ____________ heter du?
3. Christian. Jag ____________ från Kalmar.
4. ____________ kommer du?
5. ____________ Linköping.

3 **Bringen Sie die Wörter in die richtige Reihenfolge.** A 1: Wendungen

1. heter / jag / Maria
2. från / jag / kommer / Malmö
3. du / varifrån / är
4. kommer / Göteborg / också / jag / från
5. du / vad / heter

4 **Schreiben Sie auf wie man ...** Auftakt, A 1: Wendungen

1. ... sich auf Schwedisch begrüßt. ______________________________
2. ... jemanden willkommen heißt. ______________________________
3. ... sich vorstellt. ______________________________
4. ... jemanden nach dem Namen fragt. ______________________________
5. ... sagt, woher man kommt. ______________________________

5 **Vervollständigen Sie den Dialog. Was sagt der Gesprächspartner von Håkan?** A 1: Wendungen

1. ◗ ______________________________

 ◗ Hej!

2. ◗ ______________________________

 ◗ Håkan Larsson.

3. ◗ ______________________________

 ◗ Från Karlstad.

4. ◗ ______________________________

6 ***G* und *k*: Markieren Sie die Namen, in denen *g* und *k* [g] und [k] ausgesprochen werden.** A 5: Aussprache

1. ____ Gotland
2. ____ Kivik
3. ____ Kosta
4. ____ Gislaved
5. ____ Kungälv
6. ____ Göteborg
7. ____ Gävle
8. ____ Kalmar
9. ____ Norrköping
10. ____ Gamla Stan

7 **Was sagen Sie, wenn Sie ...** B 1: Wendungen

1. ... die Bedeutung eines Wortes wissen wollen? ______________________________
2. ... die Aussprache eines Wortes wissen wollen? ______________________________
3. ... eine Frage nicht beantworten können? ______________________________

8 **Tragen Sie das passende Verb in der entsprechenden Form ein (ein Verb kann mehrmals vorkommen).**
B 4: Grammatik

gilla | ha | heta | komma | läsa | semestra | vara

1. Peter ____________________ svenska på en svenskkurs.
2. Vi ____________________ Sverige.
3. Jag ____________________ i Sverige.
4. Anna ____________________ vänner i Sverige.
5. Renate ____________________ ett fritidshus i Sverige.
6. Vad ____________________ du?
7. Jag ____________________ Olle.
8. Jag ____________________ från Malmö.

9 **Anna und Gunnar treffen sich in einem Sprachkurs und machen sich bekannt.** B 3: Wendungen
Ordnen Sie die Sätze zu.

Anna

1. Hej! Jag heter Anna. _c_
2. Varifrån kommer du? _____
3. Jag kommer från Milano. _____
4. Jag har vänner i Sverige. Och du? _____
5. Vad kul! _____
6. Vi ses. Hej då. _____

Gunnar

a. Hej då.
b. Jag har ett fritidshus i Sverige.
c. Jag heter Gunnar.
d. Ja, jag gillar i Sverige. Vi ses.
e. Varför läser du svenska här?
f. Jag är från Hamburg. Och du?

10 **Tragen Sie den Artikel ein.** B 6: Grammatik

1. ____ bok
2. ____ ögonblick
3. ____ vän
4. ____ frimärke
5. ____ smörgås
6. ____ svenskkurs

11 **Schreiben Sie die Zahlen in der richtigen Reihenfolge.** C 1: Wortschatz

åtta | sex | elva | tre | nio | ett | fem | tio | två | tolv | fyra | tio

______	______	______	______
______	______	______	______
______	______	______	______

12 **Ordnen Sie folgende Wörter den Artikeln zu.** C 3: Grammatik

bil | campingplats | flaggstång | fritidshus | färja | hus | pojkvän | turistbyrå | vandrarhem

en	ett
______	______
______	______
______	______
______	
______	
______	

13 **Lösen Sie das Kreuzworträtsel.** C 3: Wortschatz

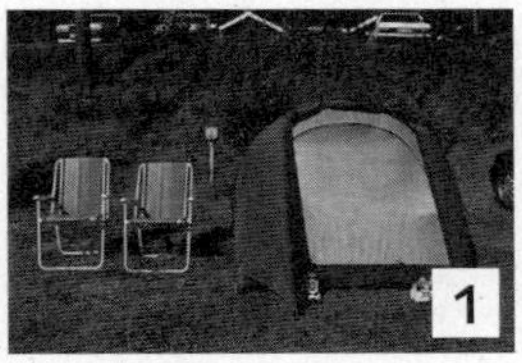

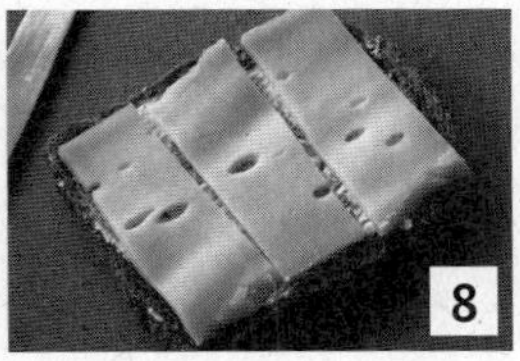

14 **Tragen Sie die passenden Fragewörter ein.** A, B, C: Grammatik

hur | vad | vad | vad | varför | varifrån

1. ________________ heter du?
2. ________________ kommer du?
3. ________________ uttalar man det?
4. ________________ läser du svenska?
5. ________________ betyder *ett ögonblick*?
6. ________________ är det?

15 **Schreiben Sie die Zahlen als Wörter.** C 1: Wortschatz

8 ____________________	9 ____________________
12 ____________________	2 ____________________
4 ____________________	11 ____________________
7 ____________________	5 ____________________

16 **Tragen Sie die jeweils passende Frage ein.** B, C: Wendungen

1. ______________________________ Det betyder *Auto*.
2. ______________________________ Det är en färja.
3. ______________________________ Jag har vänner i Sverige.

17 **Tragen Sie die jeweils passende Präposition ein.** A, B, C: Grammatik

1. Välkomna __________ svenskkursen.
2. Jag kommer __________ Landskrona.
3. Vi semestrar __________ Sverige.
4. Jag har en vän __________ Sverige.
5. Vad är det __________ bild 5?
6. Titta __________ bilden.

2_Hur är det?

1 **Ordnen Sie zu.** A 1: Wendungen

1. Hur är ___c___
2. Och du _____
3. Tack _____
4. Så _____
5. Ganska _____
6. Jo _____

a. bara bra.
b. bra, tack.
c. det?
d. tack.
e. där.
f. själv?

2 **Schreiben Sie die Sätze von Übung 1 auf.** A 1: Wendungen

1. ______________________
2. ______________________
3. ______________________
4. ______________________
5. ______________________
6. ______________________

3 **Setzen Sie das jeweils passende Pronomen ein.** A 6: Grammatik

han | hon | de

1. *(Cecilia, Magnus, Gunilla, Barbro, Jan och Fredrik)* ____________ kommer från Sverige.
2. *(Gunilla)* ____________ bor i Örebro.
3. *(Jan)* ____________ heter Persson i efternamn.
4. *(Fredrik)* ____________ semestrar i Tyskland.
5. *(Cecilia och Magnus)* ____________ har vänner i Stockholm.
6. *(Cecilia)* ____________ gillar mjölk.
7. *(Magnus)* ____________ gillar falukorv.
8. *(Barbro)* ____________ har ett fritidshus på Öland.

4 **Schreiben Sie auf Schwedisch.** A 1: Wendungen

1. Fragen Sie jemanden, wie es ihm oder ihr geht. ______________________
2. Sagen Sie, dass es Ihnen gut geht. ______________________
3. Fragen Sie zurück, wie es Ihrem Gesprächspartner geht. ______________________
4. Sagen Sie, dass es Ihnen nicht so gut geht. ______________________

5 **Schreiben Sie die Sätze. Achten Sie auf Großschreibung und Satzzeichen.** A 8: Wendungen

1. vadheterniiefternamn ______________________
2. hurstavarmandet ______________________
3. varbordu ______________________
4. dethärärkarinochpeter ______________________
5. deheterhallbergiefternamn ______________________
6. deboristockholm ______________________

6 **Ordnen Sie die Sätze so, dass ein Dialog entsteht. Schreiben Sie den Dialog auf.** B: Wendungen

1. ◗ Bara lite, men jag förstår svenska. ____ ______________________
2. D Vad trevligt! Jag har en kompis i Berlin. ____ ______________________
3. ◗ Från Berlin. ____ ______________________
4. D Hej! Välkommen! _1_ ______________________
5. ◗ Ja, det gör jag. ____ ______________________
6. ◗ Jag heter Anneli. ____ ______________________
7. D Jag heter Ingrid. Och du? ____ ______________________
8. D Och talar du engelska? ____ ______________________
9. ◗ Tack! ____ ______________________
10. D Talar du svenska? ____ ______________________
11. D Det är bra. Varifrån kommer du? ____ ______________________

7 **Schreiben Sie passende Fragen zu den Antworten.** B, C: Wendungen

1. ◗ ______________________

   D Magnus.

2. ◗ ______________________

   D Brodin.

3. ◗ ______________________

   D Jag bor i Kalmar.

4. ◗ ______________________

   D Engelska och italienska.

5. ◗ ______________________

   D Naturen och språket.

8 **Ergänzen Sie die Struktur mit passenden Wörtern.** B 4: Wortschatz

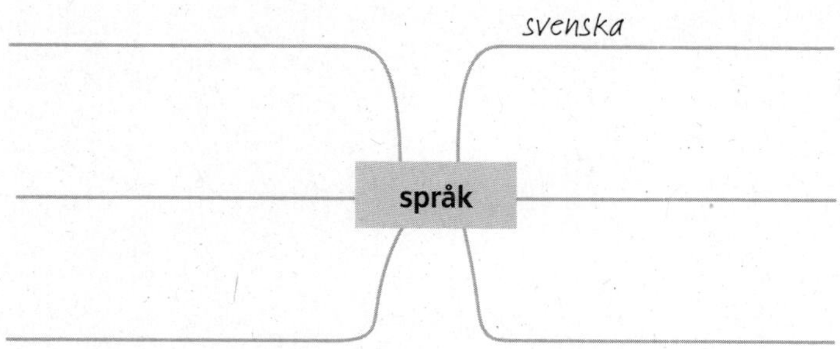

9 **Bilden Sie Sätze mit den angegebenen Wörtern.** B 5: Wendungen

1. förstår / inte / jag / lite / men / engelska / jag / talar ____________________
2. engelska / en / i / jag / kurs / läser / Uppsala / på ____________________
3. England / tänker / i / jag / jobba ____________________
4. en / i / har / jag / kompis / London ____________________
5. att / bil / gillar / jag / köra ____________________

10 **Reagieren Sie auf die Fragen mit Kurzantworten.** B 3: Wendungen

Ja det gör jag. | Nej det gör jag inte.

1. Talar du franska? ____________________
2. Gillar du Sverige? ____________________
3. Bor du i Sverige? ____________________
4. Bor du i Tyskland? ____________________
5. Gillar du mjölk? ____________________
6. Förstår du engelska? ____________________
7. Har du vänner i Sverige? ____________________

11 **Tragen Sie das jeweils passende Verb in der richtigen Form ein.** B: Grammatik

betyda | bo | förstå | gå | heta | jobba | läsa | tala | uttala | vara | veta

1. ◗ Hur ______________ det?
   ◖ Bara bra.
2. Hur ______________ man *Göteborg*?
3. ◗ ______________ du svenska?
   ◖ Bara lite.
4. Vad ______________ Sven i efternamn?
5. Vi ______________ franska på en kurs i Stockholm.
6. Vad ______________ du för språk?
7. Vad ______________ *Fahrrad* på svenska?
8. ◗ Vad ______________ *kompis*?
   ◖ Det ______________ jag inte.
9. Erik ______________ i Stockholm nu men han ______________ i Kalmar.
10. Ingrid och Sven ______________ i skolan. De ______________ inte.

12 **Tragen Sie die Präsensform oder die Infinitivform der Verben ein.** B 7: Grammatik

1. *köra* Peter ______________ en gammal bil. Han gillar att ______________ bil.
2. *läsa* Ingrid ______________ franska. Hon tänker ______________ italienska också.
3. *semestra* Jag tänker ______________ i Spanien. Åke ______________ i Norge.
4. *bo* Jag ______________ i Lund. Karin gillar att ______________ i Uppsala.
5. *jobba* Jag tänker ______________ i England. Thomas ______________ i London.

13 **Vervollständigen Sie die Fragen.** B 8: Grammatik

1. ______________ läser Maria svenska?
2. ______________ bor du?
3. ______________ kommer ni?
4. ◗ ______________ är det?
   ◖ Det är en färja.
5. ______________ uttalar man *Kiruna*?
6. ______________ heter Björn i efternamn?
7. ______________ betyder *en älg*?
8. ______________ stavar man det?

14 **Schreiben Sie die Wörter in der bestimmten Form.** C 7: Grammatik

1. kurs ____________
2. fritidshus ____________
3. vän ____________
4. bil ____________
5. frimärke ____________
6. stad ____________
7. färja ____________
8. smörgås ____________
9. affär ____________
10. läkare ____________
11. efternamn ____________
12. språk ____________

15 **Setzen Sie die Wörter richtig zusammen.** C 1: Wortschatz

begränsning | hem | märke | rike | namn | program

1. efter____________
2. teve____________
3. hastighets____________
4. fri____________
5. vandrar____________
6. Frank____________

16 **Lösen Sie das Rätsel. Tragen Sie die schwedischen Entsprechungen ein.** C 7: Wortschatz
Welches Lösungswort ergibt sich?

1. die Königin
2. der Winter
3. das Meer
4. das Bier
5. der Wasalauf
6. die Natur
7. der Sommer
8. mögen
9. die Sprache
10. buchstabieren
11. alt

Lösungswort: ____________

17 **Unterstreichen Sie die Vokale, die lang (und betont) sind.** C 7: Aussprache

Modell: Hallå. Hur är läget?

gilla	öl	namn	tänka	drottning
bra	sommar	jobba	komma	kung
tack	vinter	läsa	tala	havet
natur	språket	köra	bo	program

18 **Ordnen Sie zu.** C 8: Wendungen

1. Vad heter det _f_
2. Jag talar bara ____
3. Det vet ____
4. Jag gillar ____
5. Semestrar ni ____
6. Vad talar du ____
7. Förlåt ____

a. för språk?
b. i Sverige?
c. men jag förstår inte.
d. lite svenska.
e. jag inte.
f. på svenska?
g. sommaren i Sverige.

19 **Unterstreichen Sie die jeweils passende Antwort.** A, B, C: Wendungen

1. ◗ Hallå! Hur är läget?
   ◗ Bara fint. / Tack.
2. ◗ Vad heter du i efternamn?
   ◗ Sven. / Svensson.
3. ◗ Var bor du?
   ◗ Från Göteborg. / I Göteborg.
4. ◗ Vem är det här?
   ◗ Det vet jag inte. / Det är OK.
6. ◗ Varifrån kommer de?
   ◗ Det gör jag inte. / Det vet jag inte.
7. ◗ Varför läser du svenska?
   ◗ På en kurs. / Jag har vänner i Sverige.

20 **Welches Wort passt jeweils nicht in die Reihe?** A, B, C: Wortschatz

1. campingplats / hotell / restaurang / vandrarhem
2. Vänern / Blekinge / Småland / Värmland
3. hallå / hej / hej då / tjena
4. jobba / läsa / köra / färja

3_Vad ska vi ta?

1 **Vervollständigen Sie die Wörter.** A 3: Wortschatz

bulle | fralla | gås | kaka | smörgås | tår | öl

1. ost________
2. smör________
3. kanel________
4. peppar________
5. lätt________
6. på________
7. skink________

2 ***En* oder *ett*? Tragen Sie den jeweils passenden Artikel ein.** A 3: Grammatik

1. _____ baguette
2. _____ glas
3. _____ tomat
4. _____ smörgås
5. _____ macka
6. _____ kopp
7. _____ fralla
8. _____ kanelbulle
9. _____ mugg
10. _____ pepparkaka

3 **Welche Getränke können Sie in der Wörterschlange finden? Schreiben Sie sie auf.** A 3: Wortschatz

enkoppkaffeettglasjuiceenmuggteettglaslättölettglasmjölk

1. ________________
2. ________________
3. ________________
4. ________________
5. ________________

4 **Schreiben Sie jeweils vier Dinge auf, die man essen bzw. trinken kann.** A 3: Wortschatz

1. Man kan äta ________________, ________________,
________________, ________________.
2. Man kan dricka ________________, ________________,
________________, ________________.

5 **Welche Ausdrücke passen zusammen?** A 3: Wendungen

1. Vad ska vi ta? En macka? __c__
2. Och vad ska vi dricka? ____
3. Jag tar en räksmörgås. ____
4. Och något till? ____
5. Ingår påtår? ____

a. Ett glas juice.
b. Det gör det säkert.
c. Ja gärna.
d. Det tar jag också.
e. Nej tack, det är bra.

6 **Schreiben Sie auf Schwedisch.** A 3: Wendungen

1. Was wollen wir nehmen? ____________________
2. Ich nehme ein Schinkenbrot. ____________________
3. Das klingt gut. ____________________
4. Möchtest du eine Tasse Kaffee? ____________________
5. Ich lade ein. ____________________
6. Dann nehmen wir zwei Tassen Kaffee. ____________________
7. Und noch etwas dazu? ____________________
8. Ja gern. ____________________
9. Nein danke, es ist gut so. ____________________

7 **Vervollständigen Sie mit der Pluralform der Substantive.** A 7: Grammatik

1. Jag vill ha en macka med skinka och ____________ och ett glas öl. — tomat
2. Jag vill ha en kopp kaffe och en kanelbulle och två ____________. — pepparkaka
3. Vi tar fyra ____________ juice, två ____________ och två ____________. — glas, skinksmörgås; baguette med ost
4. Vi tar tre ____________ kaffe och tre ____________ och två ____________. — kopp, ostfralla; kanelbulle

8 **Schreiben Sie alle Produkte auf, die Sie schon kennen.** B 1: Wortschatz

© Schweizerische Gesellschaft für Ernährung (SGE)

9 **Ordnen Sie die folgenden Wörter den Pluralendungen zu.** B 2: Grammatik
Schreiben Sie dann die Wörter in der Pluralform.

apelsin | baguette | fralla | glas | kopp | macka | morot | mugg | päron | räka | smörgås | tomat | ägg | äpple

-or	-ar	-er	-n	--

10 **Schreiben Sie die folgenden Zahlen in Buchstaben.** B 4: Wortschatz

18 ______________________ 33 ______________________

14 ______________________ 75 ______________________

97 ______________________ 8 ______________________

17 ______________________ 80 ______________________

62 ______________________ 54 ______________________

11 **Führen Sie die Zahlenreihen fort.** B 6: Wortschatz

1. fem – femton – tjugofem – ______________ – ______________ – ______________
2. tjugo – fyrtio – sextio – ______________ – ______________ – ______________
3. elva – tjugotvå – trettiotre – ______________ – ______________ – ______________
4. tre – sex – nio – ______________ – ______________ – ______________
5. två – fyra – sex – ______________ – ______________ – ______________

12 **Schreiben Sie kleine Dialoge anhand der Preisliste.** B 8: Wendungen

1. ◗ *Vad kostar mjölken?*
   D *Den kostar tretton och femtio.*
2. ◗ ______________________
   D ______________________
3. ◗ ______________________
   D ______________________
4. ◗ ______________________
   D ______________________
5. ◗ ______________________
   D ______________________
6. ◗ ______________________
   D ______________________
7. ◗ ______________________
   D ______________________
8. ◗ ______________________
   D ______________________

PRISLISTA

Mjölk	13:50 kr
Cola	12:– kr
Kaffe	16:– kr
Te	15:– kr
Ostfralla	18:– kr
Skinksmörgås	26:– kr
Baguette med ost och skinka	32:– kr
Kanelbulle	10:50 kr

13 **Tragen Sie die fehlenden Wochentage ein.** C 3: Wortschatz

måndag	________	________	________	fredag	________
					söndag

14 ***Ska, vill* oder *kan*? Ergänzen Sie den Dialog mit dem jeweils passenden Verb.** A 3, C 7: Grammatik

◗ ________ du ha en kopp kaffe? Jag bjuder.

D Ja tack gärna.

◗ Vad ________ vi äta?

D Jag ________ gärna ha en ostfralla.

◗ ________ vi få två koppar kaffe och två ostfrallor?

Jag ________ ha ett glas juice. Du också?

D Nej tack. Det är bra.

…

◗ Jag ________ betala.

15 **Schreiben Sie die Sätze in der richtigen Reihenfolge, sodass ein Dialog entsteht.** C 7: Wendungen

1. D Då tar jag det. ____ ________________
2. D En kopp kaffe på maten. ____ ________________
3. D Har ni lättöl? ____ ________________
4. ◗ Hej! __1__ ________________
5. ◗ Ja det har vi. ____ ________________
6. D Ja just det. ____ ________________
7. ◗ Köttbullar med lingon, en lättöl och en kopp kaffe. ____ ________________
8. ◗ Något att dricka? ____ ________________
9. D Hej! Kan jag få köttbullar med lingon? ____ ________________
10. ◗ Något mer? ____ ________________

16 **Ordnen Sie zu. Schreiben Sie die vollständigen Sätze auf.** C 7: Wendungen

1. Kan jag få _d_
2. Något _____
3. En äppeljuice _____
4. Något _____
5. Tack _____
6. Vi vill _____
7. Det blir _____
8. Det är _____

a. att dricka? ____________________
b. betala. ____________________
c. det är bra. ____________________
d. falukorv med potatissallad? ____________________
e. jämnt. ____________________
f. mer? ____________________
g. tack. ____________________
h. 200 kronor. ____________________

17 **Welche Wörter werden mit [ɧ] ausgesprochen? Schreiben Sie sie auf.** C 7: Aussprache

sjutton | tjugo | köttbullar | choklad | skinka | kyckling | kanske | själv | lektion | tjena | köpa | lunch

____________________, ____________________, ____________________,
____________________, ____________________, ____________________,
____

18 **Schreiben Sie auf Schwedisch.** A, B, C: Wendungen

1. Sie fragen, ob Milch vorrätig ist. ____________________
2. Sie fragen, was die Milch kostet. ____________________
3. Sie wollen eine Tasse Kaffee bestellen. ____________________
4. Sie sagen, dass etwas gut schmeckt. ____________________
5. Sie wollen bezahlen. ____________________
6. Sie sagen, dass Sie die Summe aufrunden wollen. ____________________

4_Finns det någon bank här?

1 Vervollständigen Sie die Wörter. A 6: Wortschatz

affär | central | hem | hus | hus | hälle | mack | plats | plats | verkstad

1. sam__________
2. mat__________
3. vård__________
4. bensin__________
5. bil__________
6. flyg__________
7. sjuk__________
8. varu__________
9. vandrar__________
10. parkerings__________

2 Welches Wort passt jeweils nicht in die Reihe? A 6: Wortschatz

1. apotek / läkare / sjukhus / vårdcentral
2. gata / gatukök / kafé / restaurang
3. bensinmack / bilverkstad / parkeringsplats / vandrarhem
4. affär / kyrka / sjö / skola
5. gata / kiosk / park / torg
6. centralstation / flygplats / hamn / varuhus

3 Bilden Sie die Pluralform der folgenden Wörter. A 6: Grammatik
Ordnen Sie sie dann der jeweils passenden Kategorie zu.

apotek | bank | invånare | kafé | kiosk | kyrka | läkare | mataffär | restaurang | samhälle | sjö | sjukhus | skog | skola | vandrarhem | varuhus

kyrk**or**, __________

sjö**ar**, __________

bank**er**, __________, __________, __________,

____

samhälle**n**

apotek, __________, __________, __________,

__________, __________

4 **Beantworten Sie die Fragen mit den angegebenen Kurzantworten.** A 3: Wendungen

Ja det finns det. | Nej det finns det inte. | Ja det är den. | Nej det är den inte. | Ja det gör jag/den. | Nej det gör jag/den inte.

1. Finns det något museum i din stad? ______________________
2. Är din stad vacker? ______________________
3. Ligger din stad vid havet? ______________________
4. Ligger din stad i närheten av en skog? ______________________
5. Är din stad stor? ______________________
6. Bor du i en gammal stad? ______________________
7. Finns det bra affärer i din stad? ______________________
8. Är din stad fin? ______________________

5 **Der Vermieter beschreibt die Lage seines Hauses.** A 9: Grammatik
Vervollständigen Sie den Text mit den angegebenen Adjektiven.

Hej
och välkommen till semesterhuset i Skärhamn på Tjörn. Det är ett __________ hus som ligger mitt i Skärhamn. Precis i närheten har du en _____ mataffär. Men om du inte vill laga mat finns det ____________ restauranger och __________ krogar och kaféer.
Skärhamn är ett ______________ samhälle med en ______________ hamn, _________ gator och ett ______________ akvarellmuseum. Där finns det också en ____________ restaurang. Där kan du sitta och dricka en ________________ öl.
Du har en _________________ utsikt över havet.
Ha en _____________ sommar!

1. mysig
2. bra, 3. fin
4. trevlig
5. trevlig, 6. fin
7. liten, 8. intressant
9. bra
10. kall
11. härlig
12. skön

6 Bringen Sie die Wörter in die richtige Reihenfolge und schreiben Sie die Sätze auf. A 9: Wendungen

1. en / ligger / Mälaren/ nära / och / stad / Stockholm / är / vacker

   ____

2. bra / en / Göteborg / intressant / med / är / affärer / stad

   ____

3. apotek / det / en / ett / finns / Fristad / i / mataffär / och / stor

   ____

4. det / en / finns / stora / liten / och / samhället / sjö / skogar / utanför

   ____

5. affärer / det / ett / fina / finns / i / kafé / min / mysigt / och / stad

   ____

6. affärer / en / fina / Göteborg / hamn / har / museer / många / och / stor / stora

   ____

7 Ordnen Sie zu. Schreiben Sie die vollständigen Sätze auf. B 2: Wendungen

1. Förlåt, kan du säga mig _h_	a. en gång till?
2. Ostaffären ligger _____	b. till vänster vid stationen.
3. Ursäkta, hur kommer man _____	c. rakt fram.
4. Ta _____	d. kafé i närheten?
5. Kan du säga det _____	e. bredvid skoaffären vid torget.
6. Förlåt, finns det någon _____	f. restaurang här i närheten?
7. Fortsätt Storgatan _____	g. till kyrkan?
8. Hej! Finns det något _____	h. var ostaffären ligger?

1. ______________________________
2. ______________________________
3. ______________________________
4. ______________________________
5. ______________________________
6. ______________________________
7. ______________________________
8. ______________________________

8 Vervollständigen Sie die Sätze mit dem jeweils passenden Ausdruck. B 2: Wortschatz

vid | rakt fram | i närheten | mittemot | till vänster | mellan

1. Finns det någon bokhandel ____________________?
2. Ta till höger ____________________ trafikljuset.
3. Kiosken ligger ____________________ banken och apoteket.
4. Kaféet ligger ____________________ stationen.
5. Fortsätt Bredgatan ____________________.
6. Ta ____________________ vid sjukhuset.

9 Tragen Sie die jeweils passende Verbform ein. B 2: Grammatik

1. (förlåta) ____________________ kan du säga mig var stationen ligger?
2. (gå) ____________________ Skolgatan rakt fram.
3. (ursäkta) ____________________ finns det någon bokhandel i närheten?
4. (ta) ____________________ till höger vid apoteket.
5. (fortsätta) ____________________ rakt fram.
6. (köra) ____________________ till vänster vid trafikljuset.

10 Schreiben Sie auf Schwedisch. B 2: Wendungen

1. Sie fragen nach dem Weg zum Hotel.

____

____

2. Sie wollen wissen, ob es einen Parkplatz in der Nähe gibt.

____

3. Sie haben nicht verstanden und fragen nach.

____

____

4. Sie sagen jemandem, dass die Apoteke neben der Bank ist.

____

5. Sie sagen jemandem, dass er an der Ampel links abbiegen muss.

____

11 **Tragen Sie die Wörter in der unbestimmten Form (*en flygplats*) oder in der bestimmten Form (*flygplatsen*) ein.** B: Grammatik

1. Det finns ________ och ________ i samhället.	vårdcentral, apotek
2. ________ ligger vid torget och ________ bredvid banken.	vårdcentral, apotek
3. Vad finns det mer? ________ och ________ vid stationen.	mataffär, kiosk
4. ________ i Göteborg är internationell men inte så stor	flygplats
som ________ i Köpenhamn.	flygplats
5. Ulricehamn ligger vid ________ med ________	sjö, badplats
och ________.	campingplats
6. Vi har ________ vid ________.	fritidshus, sjö
________ ligger i närheten.	badplats
7. Ligger ________ till höger eller till vänster?	campingplats

12 **Vervollständigen Sie die Sätze mit *av, för, på, till, vid*.** A, B, C: Grammatik

1. Lena bor ________ Skolgatan 5.
2. Vad har hon ________ postnummer?
3. Åmål ligger i närheten ________ Säffle.
4. Det är ungefär sju mil ________ Karlstad.
5. Åmål ligger ________ Vänern.
6. Hur kommer man ________ stationen?
7. Ta ________ höger vid trafikljuset.
8. Vad säger man ________ svenska för @?
9. Vad har du ________ mobilnummer?

13 **Vervollständigen Sie den Dialog mit den angegebenen Ausdrücken.** C 4: Wendungen

Det stämmer. | Just precis. | Kan du säga det en gång till? | Nu förstår jag. | Tack så mycket. | Hur stavar man det?

▸ Kalmar är en vacker stad.

1. D ______________________________

▸ En annan intressant stad i Småland är Växjö.

2. D ______________________________

▸ V-ä-x-j-ö

3. D ______________________. Hur kommer man till Växjö?

▸ Ta vägen från Kalmar över Nybro. Sedan ligger Boda till höger. Fortsätt genom Lessebo. Kör rakt fram till Växjö.

4. D ______________________________

▸ Du kör väg 25 från Kalmar över Nybro och Lessebo. Sedan kommer du till Växjö.

5. D ______________________. Väg 25 rakt fram.

6. ▸ ______________________________

14 **Vervollständigen Sie jede Mindmap mit dem jeweils passenden Verb.** A, B, C: Wortschatz

1 **Lund** ________
- en lugn stad
- en trevlig stad

2 **Göteborg** ________
- en hamn
- en centralstation
- en flygplats

3 **Peter** ________
- i Göteborg
- på Hamngatan
- i en stor stad

4 **I Stockholm** ________
- många kyrkor
- bra kaféer
- fina affärer

5 **Östersund** ________
- i norra Sverige
- vackert
- vid Storsjön

5_Vi ska gå och handla.

1 Ordnen Sie zu. A 1: Wendungen

1. Får jag fråga _h_
2. Vilket fint väder ____
3. Var kan man ____
4. Jag måste ____
5. Jag behöver ____
6. Känner du till ____
7. Finns det någon ____
8. Var ligger ____

a. kiosken?
b. regnkläder.
c. köpa blommor?
d. det är idag.
e. någon bra sportaffär?
f. fotoaffär i närheten?
g. måla huset.
h. en sak?

2 Vervollständigen die Sätze mit *i* bzw. *på*. A 2: Grammatik

1. Vad kostar rosorna __________ blomsteraffären?
2. __________ torget kostar de bara 10 kronor.
3. Du kan köpa tidningar och godis __________ kiosken.
4. Men __________ varuhuset kan du köpa nästan allt.
5. Vin kan du bara köpa __________ Systembolaget.
6. Men lättöl kan du köpa __________ alla mataffärer.

3 In dieser Wortschlange stecken zwölf Gegenstände. Welche? A 4: Wortschatz

böckerblommorchokladfalukorvfrimärkenmjölkmorötterpäronristidningarvykortägg

__________ __________

__________ __________

__________ __________

__________ __________

__________ __________

__________ __________

4 **Wo kann man die Produkte der Übung 3 kaufen? Ordnen Sie zu.** A 4: Wortschatz

i en kiosk	i en mataffär	på torget

5 **Wie lautet die jeweils passende Frage?** A 1: Wendungen

1. ◗ ______________________________?

   ▷ Javisst, det ligger ett apotek vid torget.

2. ◗ ______________________________?

   ▷ I bokhandeln som ligger bredvid apoteket.

3. ◗ ______________________________?

   ▷ Ja, man kan köpa verktyg i byggbutiken eller på varuhuset.

6 **Lösen Sie das Kreuzworträtsel. Wie heißt das Lösungswort?** A 4: Wortschatz

1. Här kan man köpa sportgrejer.
2. Här kan du köpa böcker.
3. Här kan man köpa till exempel färg.
4. Du ska måla huset. Då behöver du färg och en …
5. Du vill skriva hem. Då behöver du ett …
6. Du vill fotografera. Då behöver du en kamera och en …
7. Du vill skriva hem. Det kostar pengar. Du måste köpa ett …
8. Du vill läsa något intressant, till exempel en bok eller en …
9. Du måste reparera något, till exempel bilen. Då behöver du …
10. Här kan du köpa mycket.

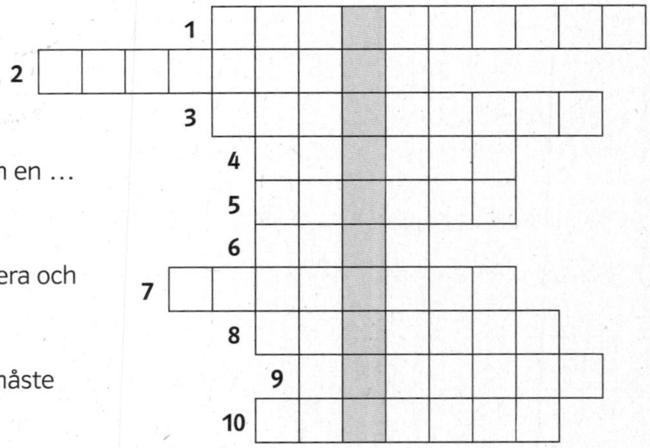

Lösungswort: ______________________

7 **Vervollständigen Sie jeden Satz mit einem passenden Verb in der jeweils angebrachten Form (Präsens wie *åker* oder Infinitiv wie *åka*).** B 1: Wortschatz + Grammatik

1. Ska vi inte ______________________ in till stan och handla?
2. Gärna. Då ______________________ vi.
3. Ska vi inte ______________________ något gott till i kväll? Räkor och vitt vin blir bra.
4. Var ______________________ du tomaterna? På torget.
5. Jag ska ______________________ huset men jag har inte någon färg.
6. Ingrid ______________________ år i morgon. Har du någon present till henne?
7. Nej, jag måste ______________________ blommor och fin choklad till henne.
8. Vad ______________________ du till frukost? Bröd, smör och ost.
9. Vilket väder! Det ______________________ och det är kallt.

8 **Sortieren Sie die Wörter und vervollständigen Sie die Reihen.** B 4: Wortschatz

~~bröd~~ | frallor | ~~grädde~~ | ~~kaffe~~ | knäckebröd | juice | marmelad | ost | skinka | ~~smör~~ | socker | te

1. bröd – ______________________ – ______________________
2. grädde – ______________________
3. kaffe – ______________________ – ______________________
4. smör – ______________________ – ______________________ – ______________________

9 **Diese Wörter stehen im Plural. Schreiben Sie die bestimmte Form.** B 6: Grammatik

1. affärer ______________________
2. färjor ______________________
3. grönsaker ______________________
4. museer ______________________
5. städer ______________________
6. vykort ______________________
7. frimärken ______________________
8. glas ______________________
9. koppar ______________________
10. samhällen ______________________
11. varuhus ______________________
12. äpplen ______________________

10 **Vervollständigen Sie den Dialog mit den Wörtern in der unbestimmten (*grönsaker*) bzw. bestimmten Form (*grönsakerna*).** B 6: Grammatik

◗ Vad står det på inköpslistan?	
D Vi behöver ________, ________, ________.	blommor, tomater, äpplen
◗ Ska jag köpa ________ och ________ på torget?	tomater, äpplen
D Det är bra, så köper jag ________ i Andréns blomsteraffär.	blommor
◗ Vad står det mer på listan?	
D ________, ________, ________ och	filmer, bullar, päron
________.	ägg
________ och ________ köper vi på torget också.	päron, ägg
◗ Vid torget ligger Ramklints kafé. Där köper jag ________. Och	bullar
________?	filmer
D Dem kan jag köpa. Fotoaffären ligger i närheten.	
◗ Det stämmer.	

11 **Schreiben Sie auf Schwedisch, was Sie sagen, wenn ...** B 6: Wendungen

1. ... Sie vorschlagen, Kaffe zu trinken. ________
2. ... der Kaffee alle ist. ________
3. ... Sie anbieten, Kaffee zu kaufen. ________
4. ... Sie jemanden bitten, Schnecken zu kaufen. ________
5. ... Sie sich mit jemandem vor dem Café verabreden. ________
6. ... Sie jemanden bitten, auf Sie zu warten. ________

12 **Vervollständigen Sie mit der jeweils passenden Form des Personalpronomens.** B 10: Grammatik

1. Sven fyller år i dag. Jag ska köpa en bra bok till ________.
2. Bilderna från Italien är bra. Ska vi titta på ________?
3. Är tidningen här? Jag vill gärna läsa ________.
4. Vi bor här i närheten. Kom och hälsa på ________.
5. Är ni med på festen? Det ska bli roligt att träffa ________.
6. Jag vill ha lite godis. Köp en påse Ahlgrens bilar till ________.
7. Min syster är hemma i Tyskland. Jag måste skriva ett kort till ________.
8. Vi kommer lite senare. Det är bra om ni väntar på ________.

9. Det här är ett mycket bra hus. — Vi ska nog köpa ____________.
10. Ni som läser svenska på kursen, … — … stå där borta, så ska jag ta ett kort på _______.

13 **Welche Produkte kauft man in welcher Verpackung und in welcher Menge?** C 4: Wortschatz
Tragen Sie sie in die Tabelle ein.

sardiner | mjölk | färg | bensin | olja | knäckebröd | öl | cigaretter | tomater | godis

1. en burk	2. en flaska	3. ett kilo	4. en liter	5. ett paket	6. en påse
________	________	________	________	________	________
________	________		________	________	
			________	________	

14 **Welches Wort oder welche Frage gehört nicht dazu?** C 6: Wortschatz

1. burk / flaska / godis / påse
2. apotek / fiskaffär / kiosk / station
3. betala / handla / köpa / regna
4. frimärke / parfym / tidning / vykort
5. Har ni frimärken? / Något mer? / Var det bra så? / Var det allt?

15 **Schreiben Sie fünf Ausdrücke auf, die Sie beim Einkaufen benutzen können.** C 6: Wendungen
Kombinieren Sie sie anschließend mit den angegebenen Produkten.

de här tidningarna | frimärken | fyra kanelbullar | jackor | två hekto skinka

1. ______________________________
2. ______________________________
3. ______________________________
4. ______________________________
5. ______________________________

16 **In der Konditorei. Schreiben Sie die Sätze in der richtigen Reihenfolge, sodass ein Dialog entsteht.**
C 6: Wendungen

1. ◗ Det är min tur. Kan jag få sex kanelbullar? ____ ________________
2. ◗ Då tar jag den. Det var bra så. ____ ________________
3. ◗ Har ni Prinsesstårta? ____ ________________
4. ◗ Hej, tack. ____ ________________
5. ◗ Ja, det är den här med grön marsipan. ____ ________________
6. ◗ Kanelbullarna kostar 30 kronor och tårtan 95 kronor. Det blir 125 kronor. ____ ________________
7. ◗ 95 kronor. ____ ________________
8. ◗ Tack, hej. ____ ________________
9. ◗ Tack, 25 kronor tillbaka. ____ ________________
10. ◗ Vad kostar den? ____ ________________
11. ◗ Varsågod. ____ ________________
12. ◗ Varsågod. Något mer? ____ ________________
13. ◗ Vems tur är det? _1_ ________________

17 ***Hur mycket*** **oder** ***hur många*****? Ergänzen Sie.** C 7: Grammatik

1. ________ kaffe är det i ett paket?
2. ________ köttbullar äter du?
3. ________ tidningar läser du varje morgon?
4. ________ ost ska jag ta?
5. ________ kostar tårtan?
6. ________ smör ska jag köpa?
7. ________ tuber tandkräm får man för 25 kr?
8. ________ smörgåsar äter du till frukost?

18 **Welches Wort bzw. welche Wendung hat eine ähnliche Bedeutung?** C 6: Wortschatz | Wendungen
Ordnen Sie zu.

1. affär _b_
2. Det är billigt. ____
3. erbjudande ____
4. gratis ____
5. Det är nära. ____
6. Var det bra så? ____

a. Det kostar inte något.
b. butik
c. Det kostar inte mycket.
d. Der är inte långt borta.
e. Var det allt?
f. extrapris

Repetition_1

Wortschatz und Grammatik

1 Vervollständigen Sie den Dialog mit den passenden Wörtern.

▸ Hej! Jag heter Anne. Och du?

▹ Elisabeth. (1.) ______________________ är du?

▸ Från England. Och du kommer också från England?

▹ Nej jag kommer från Tyskland.

▸ (2.) ______________________ du svenska?

▹ Bara lite. Men jag förstår ganska bra.

▸ Läser du svenska här (3.) ______________________ kursen?

▹ Ja det gör jag. Jag tänker studera (4.) ______________________ Stockholm.

▸ Vad kul. Jag ska (5.) ______________________ på ett sjukhus. Jag är läkare.

▹ Vi ses. Hej då.

▸ Hej.

1. a. var	b. varifrån	c. vad
2. a. förstår.	b. gillar	c. talar
3. a. från	b. i	c på
4. a. från	b. i	c. på
5. a. jobba	b. komma	c. läsa

2 **Vervollständigen Sie den Dialog mit den passenden Wörtern.**

◗ Förlåt, finns det (1.) __________________ bra hotell här i närheten?

◗ Ja, hotell Finn är inte långt härifrån. (2.) ______________________ först rakt fram till trafikljuset, ta till höger där och (3.) ____________________ till stationen. Hotell Finn ligger mittemot stationen.

◗ Ett ögonblick. Till höger (4.) __________________________ trafikljuset?

◗ Just precis. (5.)________________________ stämmer. Kör sedan till stationen. Där ser du hotellet. Det ligger mellan Sparbanken och bokhandeln.

◗ Nu vet jag. Tack så mycket.

1. a. någon	b. något	c. några
2. a. gör	b. köp	c. kör
3. a. gör	b. fortsätt	c. ta
4. a. bredvid	b. mellan	c. vid
5. a. de	b. den	c. det

Situationen

3 **Kombinieren Sie die Ausdrücke miteinander, sodass Minidialoge entstehen.**

1. En burk färg, tack. ____	a. Bara lite.
2. Förlåt, finns det något apotek i närheten? ____	b. Det kostar 15:– kr.
3. Hur mycket ost ska det vara? ____	c. Ja, det var allt.
4. Hur är det? ____	d. Ja, gå rakt fram och ta sedan till vänster.
5. Talar du svenska? ____	f. Ja tack, gärna.
6. Vad kostar kaffet? ____	g. Något mer?
7. Var bor du? ____	h. Tack!
8. Var det bra så? ____	i. Tack, bara bra!
9. Vill du ha en ostmacka? ____	k. Ungefär tre hekto.
10. Välkomna till svenskkursen! ____	l. På Lilla vägen 13.

Wichtige Ausdrücke

4 **Vervollständigen Sie die Sätze.**

1. Hej, jag ____________________ Linnéa.
2. Jag ____________________ från Lund.
3. Vad ____________________ *Jugendherberge* på svenska?
4. ____________________ du svenska?
5. ____________________ ett glas juice?
6. Vad ____________________ *falukorv*?
7. Hur ____________________ man till stationen?
8. Kan du säga det ____________________?
9. ______________ har du ____________________ telefonnummer?
10. ______________ kan man köpa frimärken?

Leseverstehen

5 **Wofür wird hier Werbung gemacht?**

blomsteraffär | bokhandel | fiskaffär | fotoaffär | GöteborgsOperan | hotell | mataffär | restaurang | varuhus

1

SÖNDAGSMIDDAG
Förrätt, varmrätt och dessert med kaffe/te.
3 rätter 220:-

2

14.00 & 16.00 Lilla scenen: Plats på scen – barnguiden Rolf Nilsson bland kostymer och peruker

3

TA TRE BÖCKER
Betala för två

4

SPECIALPRIS!
Digitala bilder från **1**^{95}
Äkta färgkort med högsta kvalitet – direkt hem i brevlådan.

5

30% **PÅ CHARKVAROR OCH FISKKONSERVER**
Från 8/8 tom. 14/8. Gäl er utvalda produkter.

6_Hur var semestern?

1 **Ergänzen Sie die Mindmap mit passenden Wörtern.** A 2: Wortschatz

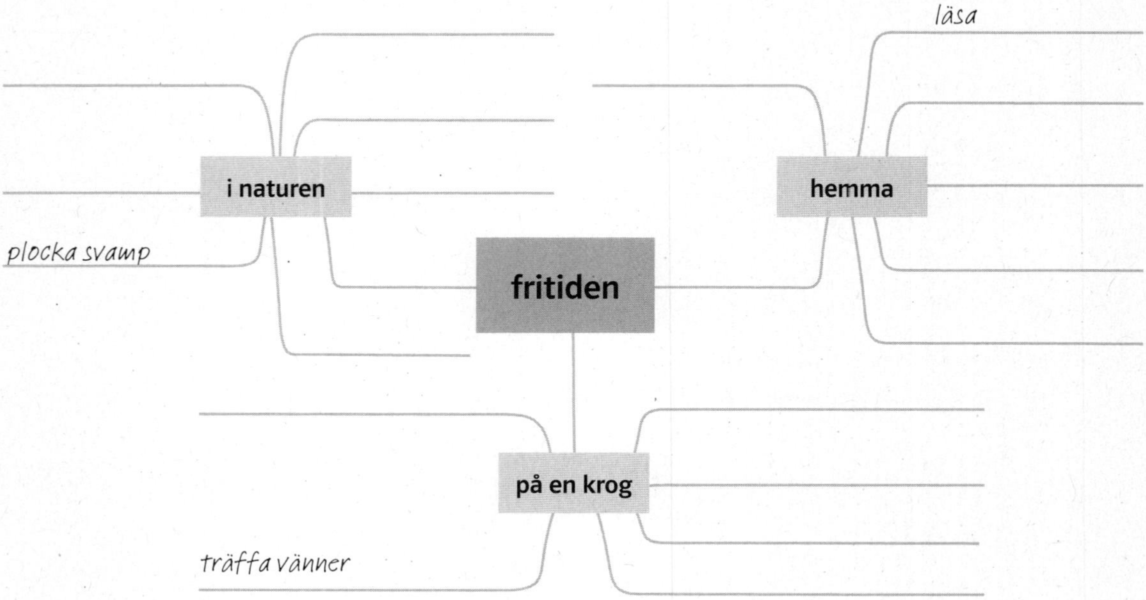

2 **Stimmen Sie zu oder nicht?** A 2: Grammatik

Jag också. | Inte jag heller. | Det gör inte jag. | Men det gör jag.

1. Jag bor i Kalmar. ________________
2. Jag förstår inte franska. ________________
3. Vad betyder *sjukhus*? Det vet jag inte. ________________
4. Jag plockar svamp på hösten. ________________
5. Jag läser svenska på en svenskkurs. ________________
6. Jag tycker inte om vintern. ________________
7. Jag kommer från Tyskland. ________________
8. Jag tycker om mjölk. ________________

3 **Schauen Sie die Symbole an und schreiben Sie die passenden Sätze.** A 3: Wortschatz

1.  ______________________ Vi kan väl gå och bada.
2.  ______________________ Ska vi inte dricka te?
3.  ______________________ Har vi inte något paraply?
4.  ◗ ______________________ Kan vi segla idag?

   D Det vet jag inte.

5.  ______________________ Vi kan väl göra en cykeltur.
6.  ______________________ Men det regnar inte som tur är.
7.  ______________________ Då kan vi kanske åka skidor i morgon.
8.  ______________________ Stäng fönstret!

4 **Schreiben Sie die Postkarte, indem Sie die Sätze ordnen.** A 3: Wendungen

1. Det ska bli roligt. | 2. det är lite mulet | 3. Hej Erik! | 4. Hälsningar, Gertrud | 5. Idag ska vi till exempel gå på Liseberg. | 6. men ganska varmt. | 7. och gör många intressanta saker. | 8. Vi ses nästa vecka. | 9. Vi är i Göteborg just nu | 10. Vädret är bra

5 Vervollständigen Sie die Sätze mit dem jeweils passenden Verb in der entsprechenden Form.

A 4: Wortschatz / Grammatik

bada | bo | dricka | ha | handla | koppla av | läsa | prata | segla | sola | träffa | åka | äta

Hej! Jag är i Västervik och (1.) __________ goda vänner. De (2.) __________ i ett litet hus utanför stan. Vädret är fint så vi är på stranden varje dag och (3.) __________ och (4.) __________. Vi är riktigt bruna nu. Ibland (5.) __________ vi också. Filip (6.) __________ nämligen en stor båt. På kvällarna (7.) __________ vi en macka eller något lätt och (8.) __________ en öl eller ett glas vin och sitter och (9.) __________. Jag (10.) __________ en bra bok när jag har tid. Ibland tar vi bilen och (11.) __________ in till stan och går och (12.) __________ eller går på en utställning. Det är skönt att (13.) __________.

Många hälsningar, Rebecca

6 Schreiben Sie die Uhrzeiten in Worten unter die Uhren. B 2: Wendungen

____

____

____

____

____

____

7 **Schreiben Sie unter jedes Bild die jeweils passende Jahreszeit.** B 4: Wortschatz

1 

2 

3 

4 

______ ______ ______ ______

8 **Beantworten Sie nun die Fragen.** B 4: Wortschatz

1. Vilken månad har tjugoåtta dagar? ______
2. Vilka månader har trettio dagar? ______, ______, ______, ______
3. Vilka månader har trettioen dagar? ______, ______, ______, ______, ______, ______, ______

9 **Vervollständigen Sie die Sätze mit *på* bzw. *i*.** B 6: Grammatik

1. Museet stänger klockan sju ______ kvällen.
2. Grattis ______ födelsedagen.
3. Jag fyller år ______ maj.
4. Affären öppnar klockan nio ______ morgonen.
5. ______ juli har museet öppet dagligen.
6. Vad gör du ______ fritiden?

10 **Ordnen Sie die jeweils passende Antwort zu.** B 6: Wendungen

a. De stänger klockan fem. | b. Från halv tio till klockan sju. | c. I februari. | d. Ja gärna. | e. Tack. | f. Tjugo i fem.

1. Ska vi gå till Djurparken? ______
2. Hinner vi det? ______
3. Vad är klockan? ______
4. När fyller du år? ______
5. Grattis! ______
6. När har Textilmuseet öppet? ______

11 **Bringen Sie die Wörter in die richtige Reihenfolge. Schreiben Sie dann die Sätze auf.** C 1: Wendungen

1. att / du / hade / hörde / i / jag / juli /semester ____________________
2. i / kom / lördags / tillbaka /vi ____________________
3. ju / på / på / semester / var /vi / vår / Västkusten ____________________
4. början / dåligt / ganska / i / var / vädret ____________________
5. del / det / det / en / hel / och / ordentligt / regnade / åskade ____________________
6. andra / att / det / fanns / göra / i / men / saker / stället ____________________
7. in / gick / körde / och / och / shoppade / stan / till / vi ____________________

12 **Sie schreiben eine E-Mail auf Schwedisch und …** C 1: Wendungen

1. … bedanken sich beim Adressaten für seine E-Mail. ____________________
2. … fragen, wie sein Urlaub war. ____________________
3. … fragen, was er in seinem Urlaub gemacht hat. ____________________
4. … sagen, dass Ihr Urlaub schön war. ____________________
5. … sagen, dass das Wetter sehr schön war. ____________________
6. … sagen dass Sie jeden Morgen lange geschlafen haben. ____________________
7. … schlagen Ihrem Bekannten vor, am nächsten Tag zusammen zu Mittag zu essen. ____________________ ____________________

13 **Schreiben Sie die Jahreszahlen aus.** C 4: Wortschatz

1. 1955 ____________________
2. 1980 ____________________
3. 1999 ____________________
4. 2002 ____________________
5. 2006 ____________________
6. 2013 ____________________

14 **Schreiben Sie neben jede Präsensform die jeweils entsprechende Präteritumsform.** C 6: Grammatik

jag gick | jag läste | jag träffade | jag var | jag bodde | jag kom | jag sov | jag åt | jag började | jag gjorde | jag skrev | det regnade

jag bor		jag börjar		jag går	
jag gör		jag kommer		jag läser	
det regnar		jag skriver		jag sover	
jag träffar		jag äter		jag är	

15 **Schreiben Sie einige Sätze, die auf Sie zutreffen.** C 6: Wendungen

igår i förrgår i fredags i helgen	besöka en utställning börja läsa svenska gå och handla gå på bio lyssna på musik läsa en bra bok skriva ett kort sova länge träffa vänner äta på restaurang

16 Lisas Geburtstag. Vervollständigen Sie den Text mit den Präteritumsformen der Verben. C 6: Grammatik

Jag tycker att min födelsedag är en rolig dag. En väldigt rolig födelsedag 1. (*ha*) _____ jag, när jag 2. (*fylla*) _____ sju år. Så här 3. (*gå*) _____ det till.

Jag 4. (*bo*) _____ i Lasses och Bosses rum då. Lasse och Bosse är mina bröder. De 5. (*sova*) _____. Jag (*kunna*) _kunde_ inte prata med dem, för när man har födelsedag måste man sova länge. Men till slut 6. (*vakna*) _____ de och 7. (*gå*) _____ ut.

Jag 8. (*höra*) _____ att mamma 9. (*vara*) _____ i köket.

Sedan 10. (*höra*) _____ jag att de 11. (*komma*) _____ i trappan. Och så, pang, 12. (*öppna*) _____ de dörren och där (*stå*) _stod_ de, pappa och mamma och Lasse och Bosse. Mamma (*bära*) _bar_ brickan. Det (*stå*) _stod_ en chokladkopp på den och en vas med blommor och en stor tårta med "Lisa 7 år" i sockerglasyr. Men det 13. (*finnas*) _____ inte några presenter och jag 14. (*börja*) _____ tycka att det 15. (*vara*) _____ en konstig födelsedag. Men då (*säga*) _sa_ pappa:

– Drick ur din choklad, så ska vi se om vi kan hitta någon present sedan.

Då (*förstå*) _förstod_ jag att det 16. (*vara*) _____ en överraskning och jag 17. (*dricka*) _____ chokladen fort.

Efter Astrid Lindgren, Alla vi barn i Bullerbyn.

7_Trevlig resa!

1 **Welche Transportmitel sehen Sie? Schreiben Sie die Namen unter die Bilder.** A 1: Wortschatz

2 **Ergänzen Sie die Mindmap mit den passenden Begriffen.** A 2: Wortschatz

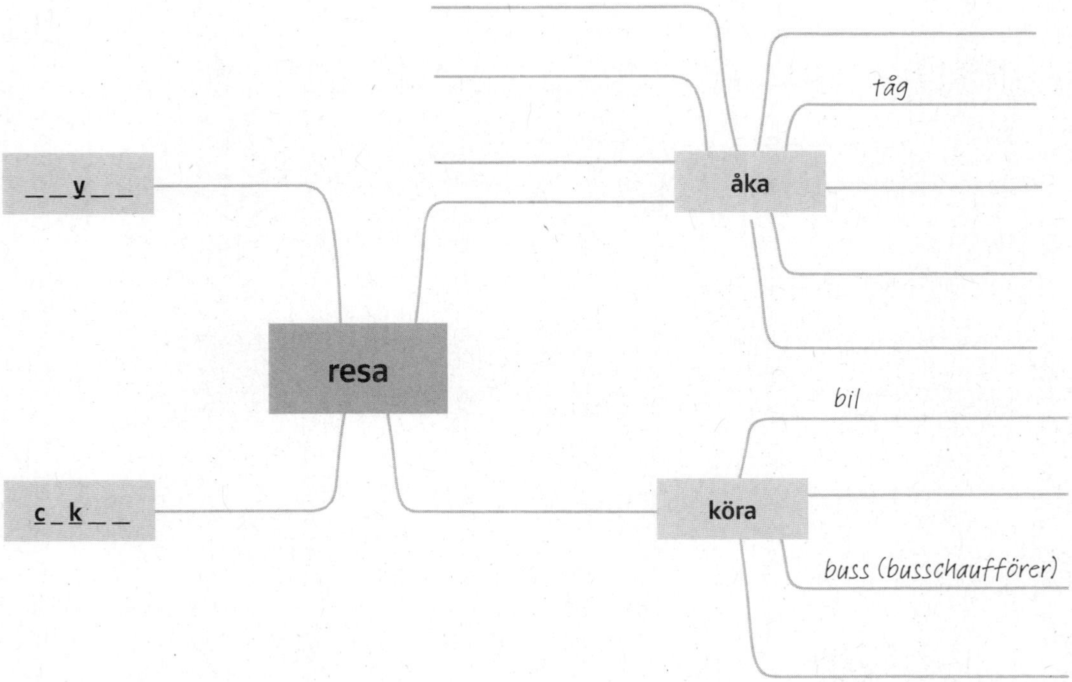

3 Welche Wörter bedeuten *immer, manchmal, niemals, oft, selten*? A 2: Wortschatz

0%

25%

50%

75%

100%

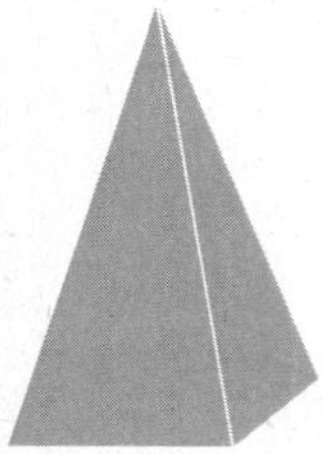

1. ______________________
2. ______________________
3. ______________________
4. ______________________
5. ______________________

4 Welches Wort passt jeweils nicht in die Reihe? A 3: Wortschatz

1. cykla / flyga / byta / åka
2. bil / buss / tåg / bro
3. cykel / tåg / tunnelbana / spårvagn
4. husvagn / husbil / flygplats / hotell
5. bro / gata / spårvagn / väg

5 Tragen Sie die jeweils passende Form ein (en-, ett- oder Pluralform der Adjektive). A 5: Grammatik

Det är __________ och __________ att resa till andra länder. Jag	spännande, intressant
gillar att resa med min husvagn. Det är __________. Jag har allt jag	bekväm
behöver i den. Men det är naturligtvis inte __________ att köpa den. Den	billig
är ganska __________. Men själva resan är inte så __________.	dyr, dyr
Man behöver inget hotell och man behöver inte äta på restaurang varje dag.	
Och det är ganska __________ till exempel i Sverige.	dyr
Om det ska gå fort flyger jag. Det är __________ med linjeflyg, men	dyr
om man hittar ett __________ bolag behöver det inte kosta så mycket.	billig
Men jag gillar inte att flyga. Man ser nästan ingenting.	
Då åker jag hellre tåg. Det är kanske inte så __________ men man	bekväm
ser mycket och man träffar ibland __________ människor.	intressant

6 Suchen Sie die Gegensätze. A: Wortschatz

1. dyr _i_
2. åka direkt _byta_
3. stor _liten_
4. salt _socker_
5. norra _södra_
6. alltid _aldrig_
7. nära _långt borta_
8. kall _varm_
9. stänga _öppna_

a. varm
b. socker
c. långt borta
d. byta
e. aldrig
f. södra
g. öppna
h. liten
i. billig

7 Tragen Sie das jeweils passende Verb im Präteritum ein. A 7: Grammatik / Wendungen

cykla | flyga | gå | gå | ha | resa | ta | ta | titta | vara | vara | välja | åka

Förra året (1.) _reste_ jag till Stockholm. Jag (2.) _valde_ att ta flyget därför att det (3.) _gick_ fort. Jag (4.) _flög_ till Arlanda och sedan (5.) _tog_ jag flygbussen in till centrum. Det (6.) _var_ verkligen bekvämt. I Stockholm (7.) _åkte_ jag ofta tunnelbana. Men när jag (8.) _hade_ tid (9.) _gick_ jag till fots och (10.) _tittade_ i affärena. Och en dag när vädret (11.) _var_ varmt och soligt (12.) _cyklade_ jag ut till Lidingö. På kvällen (13.) _tog_ jag båten tillbaka.

8 Bilden Sie Sätze mit *därför att*. Achten Sie darauf, dass Sie *inte* richtig einsetzen. A 7: Grammatik

Modell: Jag åker inte tåg. Det är inte billigt.

Jag åker inte tåg därför att det inte är billigt.

1. Jag tar inte flyget. Det är inte bekvämt.

   Jag tar inte flyget därför att det inte är bekvämt.

2. Jag kör inte bil. Jag har inte körkort.

   Jag kör inte bil därför att jag inte har körkort

3. Jag åker inte buss. Det går inte fort.

   Jag åker inte buss därför att det inte går fort

4. Jag åker inte tåg. Det går inte direkt.

   Jag åker inte tåg därför att det inte går direkt

5. Jag vill inte byta. Det är inte bekvämt.

   Jag vill inte byta därför att det inte är bekvämt

9 **Wie antwortet man auf die Fragen? Ordnen Sie zu.** B 1: Wendungen

a. 17:10. | b. Det går ett tåg 8:45. | c. Nej, det går direkt. | d. Första eller andra klass? | e. Nästa tåg går 14:36.

1. Går det något tåg på morgonen? b
2. Finns det något senare tåg? e
3. När är jag framme i Stockholm? a
4. Måste man byta? c
5. Jag ska be att få en tur och retur biljett. d

10 **Schreiben Sie die jeweils passende Frage.** B 1: Wendungen

1. ▶ När går ett tåg till Stockholm?
 ▷ Nästa tåg till Stockholm går 11:35.
2. ▶ När är jag framme i Stockholm?
 ▷ 17:45.
3. ▶ Går tåget direkt?
 ▷ Nej du måste byta i Alvesta.
4. ▶ Hur mycket är biljetten?
 ▷ 340 kronor.
5. ▶ Var avgår tåget?
 ▷ Från spår 12.

11 **Welche Uhrzeiten und welche Zeitausdrücke passen zusammen?** B 2: Wortschatz / Grammatik

på eftermiddagen | på förmiddagen | på kvällen | mitt på dagen | på morgonen | på natten

1	2	3	4	5	6
20:00	12:00	7:00	16:00	24:30	11:00
______	______	______	______	______	______
______	______	______	______	______	______

12 **Vervollständigen Sie mit der jeweils passenden Frage.** B 4: Wendungen

◗ Går den här bussen till sjukhuset?

◗ Ja det gör den.

1. ◗ ______________________________?

◗ Det tar tio minuter.

2. ◗ ______________________________?

◗ Det finns en hållplats precis vid ingången.

3. ◗ ______________________________?

◗ Det ska jag göra.

◗ Tack så mycket.

13 **Vervollständigen Sie die Minidialoge mit den Verben *stå* bzw. *stanna*.** B 4: Wortschatz

1. ◗ Jag ska med bussen till Hörby.

◗ Den ______________ där borta. Ser du den? Det ______________ Hörby på bussen.

2. ◗ ______________ tåget i Åkarp?

◗ Inte alla. Några tåg går direkt och ______________ bara i Malmö och i Lund. Titta i tidtabellen. Där ______________ det.

3. ◗ Hinner jag med Stockholmståget?

◗ Ja det gör du. Det ______________ inne på spår 11 och väntar på resenärerna från Malmö.

4. ◗ Taxin ______________ och väntar på gatan.

14 **Sie wollen den Bus zum Krankenhaus nehmen. Sie fragen den Fahrer ...** B 5: Wendungen

1. ... om det är rätt buss.

____

2. ... hur lång tid det tar.

____

3. Du vet inte var du ska gå av. Du ber chauffören om hjälp.

____

15 **Fragen und Antworten. Ordnen Sie zu.** C 3: Wendungen

1. Ursäkta! Är det ledigt här? f
2. Hur långt ska du resa? _____
3. Hur länge ska du stanna i Varberg? _____
4. Jag har vänner i Varberg. _____
5. Sedan ska jag fortsätta till Härjedalen. _____
6. Jag önskar en trevlig resa. _____

a. Vad roligt!
b. Oj då, så långt!
c. Tack detsamma.
d. Jag ska till Varberg.
e. I fyra dagar.
f. Ja varsågod.

16 **Vervollständigen Sie die Sätze mit den Possessivpronomina.** C 5: Grammatik

1. Jag bor i Värnamo och mina föräldrar bor i närheten av Kalmar. Deras hus ligger vid havet.
2. Min syster har två barn. Hennes man är lärare.
3. Min man och jag har ett hus i Sverige. Våra barn gillar att vara där.
4. Ska du åka till Växjö idag? Ditt tåg går klockan ett.
5. Ni måste byta i Alvesta. Ert tåg går 18:25.
6. Vi träffar våra vänner i Stockholm. Deras hotell ligger mitt i City men vi bor på ett hotell som ligger lite utanför.

17 **Ergänzen Sie die Sätze mit *hur långt* bzw. *hur länge*.** C 6: Grammatik

1. Hur långt ska vi köra idag?
2. _____ stannade du på festen hos Annika?
3. Hur länge tittade du på teve i går kväll?
4. Hur länge är det till stan?
5. Hur långt ska vi vandra i morgon?
6. Hur länge ska vi stanna i Stockholm?
7. Hur långt är det till restaurangen?
8. Hur länge ska vi sitta här?
9. Hur länge har affärerna öppet?
10. Hur länge sov du i morse?

långt : Weg
länge : Zeit

18 **Vervollständigen Sie die Sätze mit den Adverbien.** C 7: Grammatik

alltid | fort | ganska | gärna | långsamt | länge | mycket | riktigt | säkert | vackert

1. Det regnar _mycket_ i västra Sverige, säger man.
2. Du hittar _säkert_ några bra böcker i bokhandeln.
3. ▶ Hur är det?

   D _Ganska_ bra.
4. Jag vill _gärna_ ta ett kort på er.
5. Jag äter _alltid_ frukost klockan åtta.
6. Stanna inte så _länge_. Vi har inte tid.
7. Stockholm ligger _vackest_ mellan Mälaren och Östersjön.
8. Tala _långsamt_ så förstår jag.
9. Tala inte så _fort_. Jag förstår nästan inte något.
10. Vädret är _riktigt_ fint nu.

19 **Kreuzen Sie das jeweils passende Wort an und tragen Sie es ein.** A, B,C: Wortschatz / Grammatik

Hej!

Tack för kortet från (1.) _er_ semester. Det låter bra. Nu på våren är det fint att vara i Rom, inte så (2.) _varmt_ som på sommaren. Vi har också semester, vi är på Gotland. Vi är i (3.) _vårt_ fritidshus och det är lugnt och skönt här. Vädret är fint men inte så varmt. Vi (4.) _tog_ flyget hit så vi har inte någon bil här. Men det går bra. Vi (5.) _stannar_ ju bara i en vecka. Vi cyklar varje dag. I går var vi på Fårö. Det är en fin ö. Vi (6.) _stannade_ hela dagen. Vi tog det lugnt och cyklade ganska (7.) _langsamt_ och hade picknick på stranden. Det var härligt. (8.) _Våra_ barn är också med men de (9.) _cyklar_ inte, de åker moped. I morgon ska vi (10.) _cykla_ till Visby och titta på stan och gå och handla lite. Det blir säkert också en bra dag.

Många hälsningar Eva och Johan

1.	X er	___ hans	___ vår	6.	___ stanna	___ stannar	X stannade
2.	___ varm	___ varma	X varmt	7.	___ långsam	___ långsamma	X långsamt
2.	___ vår	___ våra	X vårt	8.	___ vår	X våra	___ vårt
4.	___ ta	___ tar	X tog	9.	___ cykla	X cyklar	___ cyklade
5.	___ sitter	X stannar	___ står	10.	X cykla	___ cyklar	___ cyklade

8_Precis som hemma.

1 **In welchem Raum?** A 1: Wortschatz

1. Här finns det skåp för mina kläder och här står min säng.	I sovrummet.
2. Här sitter jag och solar när solen skiner och när vädret är fint äter jag frukost här.	
3. Här lagar jag mat och äter tillsammans med mina vänner.	
4. Här kommer man först in i lägenheten. Här står mina skor och här hänger min jacka.	
5. Här har jag det mysigt. Här läser jag en bra bok och ibland lyssnar jag på musik.	
6. Här borstar jag tänderna.	

2 **Ergänzen Sie die Mindmap mit passenden Wörtern.** A 2: Wortschatz

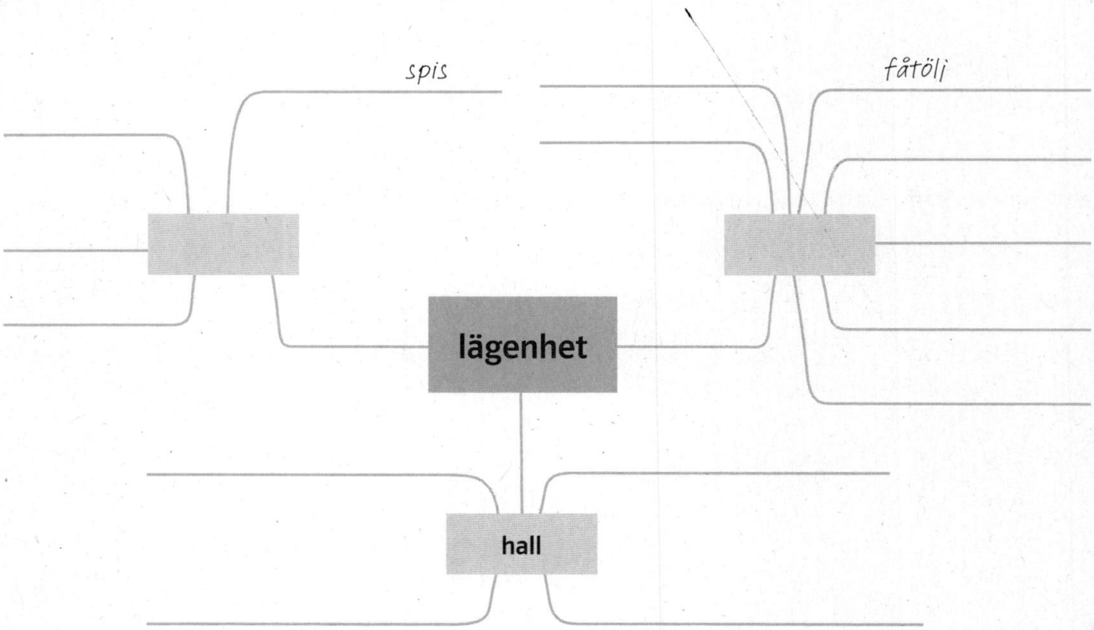

3 **Tragen Sie das jeweils passende Verb ein.** A 2: Wortschatz / Grammatik

hänger | ligger | sitter | står

1. Min lägenhet ____ligges____ på tredje våningen.
2. Jag ____sitter____ ofta i soffan i vardagsrummet och läser en bok eller tittar på teve.
3. En lampa ____hänger____ i taket och en ____står____ på golvet mellan fåtöljerna.
4. Mina böcker ____står____ i bokhyllan.
5. Moderna tavlor ____hänges____ på väggarna.
6. Ett runt bord och fyra stolar ____står____ i köket.
7. Tidningarna ____ligger____ på bordet.
8. När vädret är fint ____sitter____ jag ute på balkongen.
9. Alla mina grejer ____hänger / ligges____ i skåpen i hallen.

4 **Ergänzen Sie mit *ingen, inget, inga*.** A 3: Grammatik

1. Jag har ____inga____ lampor i taket.
2. Jag har ____inget____ badrum, bara en dusch.
3. Jag har tyvärr ____ingen____ diskmaskin i köket så jag måste diska efter maten.
4. ____Inga____ av mina vänner gillar att diska.
5. Jag har gardiner i sovrummet men ____inga____ i vardagsrummet.
6. ____Inget____ land har så många sjöar som Sverige. Stämmer det?

5 **Bilden Sie vier Fragen mit den Ausdrücken aus der Tabelle und schreiben Sie sie auf.** A 6: Wendungen

Finns det	någon något några	affär badrum cyklar kylskåp restaurang teve tvättmaskin	i huset? i närheten?

____

____

____

____

6 **Mit den angegebenen Satzanfängen und Ausdrücken bilden Sie passende Wendungen und Sätze.**
A 7: Wendungen

bad | cyklar | med grillplats | en trevlig stuga | havet | med el-spis och kylskåp | med plats för 4 personer | med toalett och dusch | med två sängar i varje rum

1. Välkomna till ______
2. Nära ______
3. Sköna ______
4. Det finns ______
5. Vardagsrum ______
6. Två sovrum ______
7. Kök ______
8. Badrum ______
9. Trädgård ______

7 **Bilden Sie Wörter aus den Wortteilen.** B 1: Wortschatz

da | ele | garde | grejer | gård | järn | ment | para | rob | soll | sop | stryk | städ | tor | träd | tunna

______ ______
______ ______
______ ______
______ ______

8 **Bilden Sie den Plural der folgenden Wörter in der bestimmten Form mit den Endungen *-na*, *-a*, *-en*.**
B 1: Grammatik

1. cyklar cyklarna ✓
2. nycklar nycklarna ✓
3. problem problemen
4. sopor soporna ✓
5. sovrum sovrummen
6. garderober garderoberna ✓
7. områden områdena
8. skor skorna
9. soptunnor soptunnorna ✓
10. städgrejer städgrejerna ✓

9 **Schreiben Sie passende Antworten auf die Fragen.** B 1: Wortschatz / Wendungen

i bokhyllan | på bordet | i garderoben | på parkeringsplatsen | på skrivbordet | i trädgården

1. Var kan jag ställa cyklarna? ______________________
2. Var kan jag lägga mobilen? ______________________
3. Var kan jag hänga mina kläder? ______________________
4. Var kan jag ställa datorn? ______________________
5. Var kan jag lägga tidningarna? ______________________
6. Var kan jag ställa bilen? ______________________

10 **Wie sagt man auf Schwedisch?** B 1: Wendungen

Du träffar någon för första gången och vill inleda ett samtal. Vad säger du om du vill …

1. … prata om vädret?

____

2. … prata om resan?

____

3. … fråga om han/hon känner till orten/landet?

____

11 **Schreiben Sie die Supinumform (den zweiten Teil vom Perfekt) von den angegebenen Verben. Es ergibt sich ein Lösungswort. Welches?** B 3: Grammatik

1. gå
2. måla
3. hyra
4. handla
5. spela
6. vara
7. bo
8. jobba

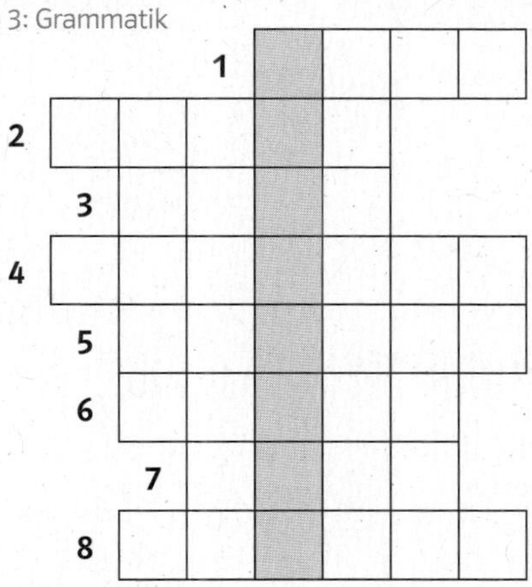

Lösungswort: ______________________

12 Ordnen Sie die Perfekt- den Präsensformen zu. B 4: Grammatik

har gjort | har väntat | har fått | har blivit | har beställt | har kunnat | har läst | har haft | har druckit | har diskat | har bjudit | har ätit

1. beställer ______	2. bjuder ______	3. dricker ______	4. får ______
5. läser ______	6. väntar ______	7. blir ______	8. diskar ______
9. gör ______	10. kan ______	11. har ______	12. äter ______

13 Vervollständigen Sie die Minidialoge mit der jeweils passenden Verbform (Präteritum oder Perfekt).
B 5: Wendungen / Grammatik

1.

◗ Du / till Frida? *skriva* ______

D Det / jag / i går. *göra* ______

◗ Vad bra!

2.

◗ Du / i Lund / någon gång tidigare? *vara* ______

D Ja en gång. Jag / här vid universitetet. *läsa* ______

◗ Jaså. När / det? *vara* ______

D För tre år sedan.

◗ Och vad / du / då? *läsa* ______

D Biologi. Jag / utbytesstudent. *vara* ______

◗ Vad intressant! Och nu / du / tillbaka. *komma* ______

D Ja jag ska hälsa på mina vänner.

3.

◗ Gillar du att åka skidor?

D Jag / faktiskt aldrig / skidor. *åka* ______

◗ Så. synd! Jag / i Åre / förra veckan. *vara* ______

Då / jag / skidor. *åka* ______

Vädret / verkligen / perfekt. *vara* ______

14 **Wie sagt man auf Schwedisch?** B 8: Wendungen

Du har hyrt en lägenhet. Du har problem med tvättmaskinen. Du ringer till hyresvärden.

1. Hur kan du börja samtalet?

____

____

2. Hur kan du förklara ditt problem?

____

____

3. Hur kan du tacka honom / henne?

____

15 **Bilden Sie Sätze.** C 2: Wendungen

1. har / hur / här / länge / ni / varit ______________
2. att / bra / hoppas / jag / ni / trivs ______________
3. att / har / in / komma / lust / ni / och / oss / prata / till ______________
4. bor / borta / det / där / huset / i / jag / som / är ______________
5. att / bra / det / eftermiddag / fika / i / passar ______________
6. att / bli / det / roligt / ska / träffas ______________

16 **Ergänzen Sie die Zeitausdrücke mit *i, om, på*.** C 4: Wortschatz / Grammatik

meddetsamma – (1.) ______ en timme – (2.) ______ eftermiddag – (3.) ______ kväll – (4.) ______ morgon – (5.) ______ lördag – (6.) ______ en vecka

17 **Schreiben Sie drei Ausdrücke, die man benutzt, wenn man über das Wetter spricht.** C 6: Wendungen

____

____

____

→ als Bestandteil vom Infinitiv att „o" aussprechen

18 **Kreuzen Sie die Sätze an, in denen *att* [ɔ] ausgesprochen wird.** C 6: Aussprache

1. X Jag tycker om att cykla.
2. X Jag gillar att laga mat.
3. X Men vem gillar att diska efter maten?
4. ____ Jag åker tåg därför att det är billigt.
5. ____ Jag tycker att vi ska träffas.
6. X Det skulle vara kul att träffas.
7. ____ Jag hoppas att vi ses snart.
8. X Det är spännande att åka över bron till Sverige.

19 **Bilden Sie Minidialoge.** C 6: Wendungen

a. Det har varit så där. | b. Då hoppas vi att det ska fortsätta. | c. I en vecka nu. | d. Ja tack, gärna. | e. Ja, här. | f. Nej, det är första gången. | g. Utan problem.

1. ◗ Har resan gått bra?
   D ____________________
2. ◗ Har ni varit här någon gång?
   D ____________________
3. ◗ Finns det någon teve också?
   D ____________________
4. ◗ Har vädret varit bra?
   D ____________________
5. ◗ I går var vädret fint.
   D ____________________
6. ◗ Hur länge har ni varit här?
   D ____________________
7. ◗ Har ni lust att komma in och fika?
   D ____________________

20 **Lesen Sie den Text und vervollständigen Sie die Tabelle.** C 8: Wortschatz

I Stockholm finns det många torg och saluhallar. Där hittar man specialiteter från hela världen. Där finns det bröd från många länder, till exempel tyskt eller finskt. Där finns det också härliga italienska eller spanska grönsaker, franskt eller spanskt vin och spännande ost från Frankrike. En delikatess från Sverige är färsk fisk.

Ett samtal med en handlare i en saluhall:
◗ Du har verkligen ett stort sortiment från hela Europa. Du vet vad dina kunder vill ha.
D Ja det vet jag efter trettio år här i saluhallen. Just nu har vi tysk vit sparris. Det är många som vill ha den.
◗ Jag ser många andra läckra saker här. Engelsk marmelad, italiensk pasta för att nämna bara några. Vilka svenska varor säljer du?
D Ja naturligtvis räkor och knäckebröd. Det är delikatesser.
◗ Knäckebröd, jaså?
D Javisst.

	adjektiv	varor	kommer från
1.	tyskt, finskt	bröd	______
2.	______	grönsaker	______
3.	______	vin	______
4.	______	ost	Frankrike
5.	______	fisk	Sverige
6.	______	sparris	______
7.	______	marmelad	______
8.	______	pasta	______
9.	______	räkor	______
10.	______	knäckebröd	______

21 Kreuzen Sie den jeweils passenden Begriff an und tragen Sie ihn ein. C 9: Grammatik

Vi har varit i Sverige många gånger. Förr (1.) ______________ en stuga eller en lägenhet. Ibland tältade vi eller bodde på vandrarhem. Men nu (2.) ______________ ett eget hus i Sverige. (3.) ______________ ligger på Öland och vi trivs mycket bra där. Vi har bott där i fem år nu. I början (4.) ______________ problem med språket men nu (5.) ______________ svenska på en kurs så det går bättre. Vi pratar med alla som vi träffar. Och grannarna hjälper (6.) ______________. De talar tydligt och långsamt med oss och (7.) ______________ allt som vi inte förstår. (8.) ______________ är väldigt snälla och hjälpsamma.

1. ___ hyr vi ___ hyrde vi ___ har vi hyrt
2. ___ köper vi ___ köpte vi ___ har vi köpt
3. ___ den ___ det ___ hon
4. ___ har vi ___ hade vi ___ har vi haft
5. ___ läser vi ___ läste vi ___ har vi läst
6. ___ dem ___ er ___ oss
7. ___ förklarar ___ förklarade ___ har förklarat
8. ___ de ___ den ___ han

9_Jag tar de röda skorna.

1 **Was tragen diese Leute? Beschreiben Sie ihre Kleidung.** A 1: Wortschatz
Sehen Sie sich die Farben im Lehrbuch auf S. 117 an.

1. Malin

Malin har ______________________
______________________ på sig.

2. Björn

____
____

3. Ann

____
____

4. Helena

____
____

5. Emma

____
____

6. Per

____
____

2 **Ergänzen Sie die passende Farbe. Achten Sie auf die Endungen!** A 3: Wortschatz / Grammatik

1. Tomaterna är ______________________
2. Chokladen är ______________________
3. Kaffet är ______________________
4. Smöret är ______________________
5. Räkorna är ______________________
6. Havet är ______________________
7. Himlen är ______________________
8. Mjölken är ______________________
9. Pepparkakorna är ______________________
10. Skogen är ______________________

3 **Welcher Begriff passt zu welcher Definition?** A 1: Wortschatz

klockan | klänningen | penna | skorna | solglasögon | tändstickor | väskan

1. Jag behöver dem när jag vill röka en cigarett. ______________
2. De är bra att ha när solen skiner. ______________
3. Hinner vi? Titta på ______________
4. Får jag låna din ______________ ? Jag vill skriva ett kort.
5. Här har jag pengar, bankomatkort, näsdukar och mycket mer. ______________
6. Jag tar på mig den när jag ska vara fin. ______________
7. De måste vara bekväma när jag ska gå långt. ______________

4 **Welches Wort passt jeweils nicht in die Reihe?** A 5: Wortschatz

1. byxor / jacka / klocka / klänning
2. skor / skärp / strumpor / väska
3. blå / gul / prickig / vit
4. blus / kofta / stövlar / tröja
5. blommig / randig / rosa / rutig
6. färg / grön / gul / lila

5 **Schreiben Sie die Sätze auf.** A 9: Wendungen

1. imingarderobhängerdettvåsvartakavajer ______________
2. jagharenrutigkjolochengulkoftapåmig ______________
3. röttärkärlekensfärg ______________
4. jagtyckermestomlila ______________
5. vadtardupådignärduskavarafin ______________

6 **Schreiben Sie auf Schwedisch.** A 8: Grammatik

1. Die Mutter der Jungen wartet auf sie. ______________
2. Das Auto von Peter ist blau. ______________
3. Die Lieblingsfarbe von meinem Mann ist grün. ______________
4. Ich werde im Haus meiner Freunde wohnen. ______________

7 **Was würden Sie in welcher Situation anziehen? Wählen Sie das jeweils geeignete Outfit.** A 9: Wortschatz

ett besök på operan | ett bröllop | en cykeltur | ett möte på jobbet | en picknick med grannarna | en vandring i fjällen

1. En lång klänning, fina skor, en väska. ______________________
2. En jacka, en T-shirt, shorts, gymnasikskor ______________________
3. En jacka, en varm tröja, jeans, kraftiga skor ______________________
4. En jacka, en skjorta, jeans ______________________
5. En svart kavaj, en vit skjorta / blus, svarta byxor ______________________
6. En svart kavaj, en mönstrad skjorta / blus, jeans ______________________
7. En topp, byxor, sockor, skor ______________________

8 **Ergänzen Sie das Gespräch mit den Fragen.** B 1: Wendungen

a. Får jag köpa den på öppet köp? | b. Får jag prova den gula kjolen? | c. Har ni kjolen i andra färger? | d. Hur länge gäller det? | e. Vad är det för material? | f. Vad är det för storlek?

1. ◗ ______________________
   D 40.
2. ◗ ______________________
   D I gult och grönt.
3. ◗ ______________________
   D Javisst, det går bra.
4. ◗ ______________________
   D 70 % ylle
5. ◗ ______________________
   D Ja men spara kvittot.
6. ◗ ______________________
   D Tre veckor.

9 **Vervollständigen Sie die Minidialoge mit den Begriffen in der bestimmten Form.** B 4: Grammatik

1. ◗ Jag har både svarta och bruna skor. Vilka ska jag ta, tycker du?
   D Jag tycker att (brun/skor) ______________________ passar bäst.
2. ◗ Kan du rekommendera någon bra restaurang?
   D Ja (ny/restaurang) ______________________ på Bredgatan är mycket bra.
3. ◗ Var har du köpt blommorna?
   D I (stor/blomsteraffär) ______________________ vid torget.
4. ◗ Vi har både röda och gröna äpplen.
   D Jag tar (röd / äpplen) ______________________
5. ◗ Jag har en vit blus och en gul. Vilken ska jag ta?
   D Ta (vit) ______________________. Den passar bra till (blå/byxor) ______________________

10 **Bringen Sie die Wörter in die richtige Reihenfolge und bilden Sie Sätze.** B 4: Wendungen

1. blusen / den / får / fönstret / gula / hänger / i / jag / prova / som

   ____

2. blåa / den / kappan / mycket / sitter / snyggt

   ____

3. bra / byxorna / de / ett / här / gråa / passar / skärp / svart / till

   ____

4. blus / en / ha / hellre / jag / mönstrad / nog / vill

   ____

5. att / bekväm / blåa / den / jag / mycket / skjortan / tycker / är

   ____

11 **Ergänzen Sie die Mindmap mit passenden Wörtern.** B: Wortschatz

blommig | bomull | grönt | kjol | klänning | kofta | lila | linne | läder | mönstrad | prickig | randig | rosa | rutig | rött | siden | skjorta | tröja | vitt | ylle

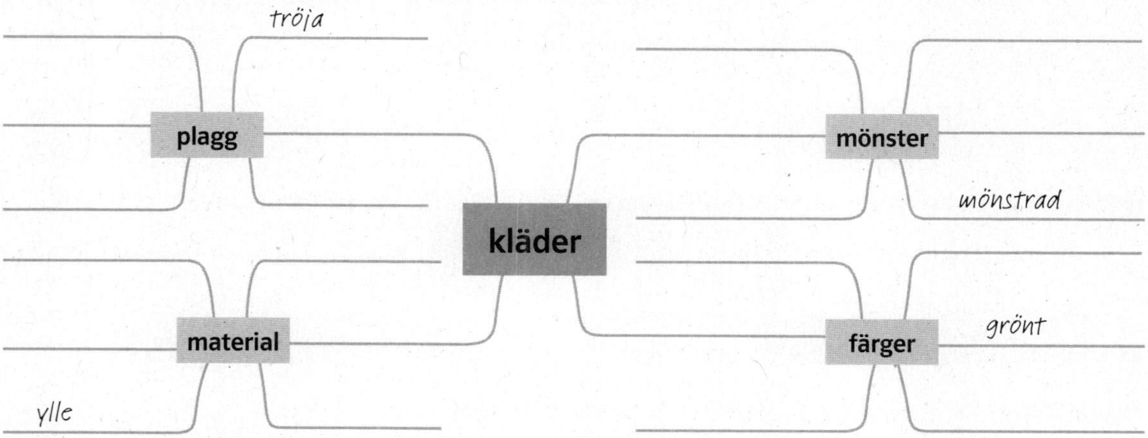

12 **Ordnen Sie zu.** B 8: Grammatik

1. Har du någon tröja __c__
2. Jag har bara en kjol _____
3. Jag läser en bra bok _____
4. Jag pratar ofta med grannen _____
5. Min syster har ett hus _____
6. Jag äter ofta på en restaurang _____

a. som bor på andra våningen.
b. som har bra fiskrätter.
c. som är riktigt varm?
d. som ligger utanför stan.
e. som jag köpte på semestern.
f. som passar till kavajen.

13 **Ordnen Sie die Sprechblasen so, dass ein Dialog entsteht.** C 1: Wendungen
Nummerieren Sie sie zuerst und schreiben Sie dann den Dialog in Ihr Heft.

____ De är också snygga. Jag provar dem.

____ Det går bra att byta. Vad vill du ha i stället?

____ Det är bra. Tack för hjälpen.

____ Ja här är det.

____ Tack och hej!

____ Det är samma pris.

____ Här vi en annan modell i samma färg. Vad tycker du om dem?

____ Har ni de här skorna i storlek 38? Jag tycker att de är lite för små.

____ Nej de blir för stora.

____ Mycket bra. Då tar jag dem i stället.

____ Nej tyvärr. Vi har dem bara i 39.

_1_ Hej! Kan jag hjälpa dig?

____ Jaha. Har du kvittot?

____ Jag vill gärna byta de här skorna. Jag köpte dem i går.

____ Passar de?

14 **Ergänzen Sie mit der bestimmten Form. Verwenden Sie die Begriffe in den Klammern.** C 2: Grammatik

1. ◗ Vi har både stora och små tomater.
   D Jag tar (liten/tomater) ____________________
2. ◗ Var har du köpt tomaterna?
   D I (liten / affär) ____________________ på Allégatan.
3. (ny / skor) ____________________ är inte riktigt bekväma. De är för nya. Jag tar (gammal / skor) ____________________ när vi går på utställningen.
4. Jag hittar inte (ny / paraply) ____________________. Jag tar (gammal / paraply) ____________________ i stället.
5. ◗ Var bor Monika?
   D I (liten / hus) ____________________ med (blå / dörr) ____________________ mittemot kyrkan.

15 **Vervollständigen Sie die Sätze mit dem jeweils entsprechenden Gegensatzwort.** C: Wortschatz

1. De här blommorna är inte billiga. Jag tycker att de är för ____________________
2. På sommaren är det ofta varmt. Men på vintern är det ibland för ____________________
3. Den här väskan är för stor. Men den här är för ____________________
4. Min kappa är gammal. Jag måste köpa en ____________________
5. Jag behöver tjocka sockor på vintern. Sockorna som jag har på sommaren är för ____________________
6. På natten är det mörkt och på dagen är det ____________________
7. På vintern är nätterna långa och dagarna ____________________

16 **Ordnen Sie zu und bilden Sie Wörter.** C 7: Wortschatz

1. fick _h_	a. borste	____________________
2. hand ____	b. duk	____________________
3. mygg ____	c. svarare	____________________
4. para ____	d. stickor	____________________
5. sol ____	e. olja	____________________
6. tand ____	f. ply	____________________
7. telefon ____	g. glasögon	____________________
8. tänd ____	h. lampa	____________________

17 **Übersetzen Sie das Verb *få* ins Deutsche.** C 6: Wortschatz

1. Får jag komma in? ______________
2. Fick du tidningen i morse? ______________
3. Du får ett glas öl till maten. ______________
4. Får man parkera här? ______________
5. Har du fått några fina presenter? ______________
6. Får jag låna din grammatik? ______________
7. Du får femtio kronor tillbaka. ______________
8. Kan jag få en kopp kaffe? ______________

18 **Schreiben Sie auf Schwedisch. Was sagen Sie wenn Sie …** C: Wendungen

1. … etwas umtauschen wollen? ____________________
2. … eine andere Farbe haben wollen? ____________________
3. … die Farbe zu dunkel finden? ____________________
4. … nicht zufrieden sind? ____________________
5. … finden, dass die Hose zu lang ist? ____________________
6. … finden, dass die Tasche zu teuer ist? ____________________

10_Vem är bra på att stryka?

1 **Bilden Sie sinnvolle Ausdrücke mit den angegebenen Wörtern.** A 1: Wortschatz

1. börja _e_ a. upp ____________
2. klippa ____ b. snö ____________
3. komma ____ c. nyheterna ____________
4. skotta ____ d. lunch ____________
5. stiga ____ e. jobba ____________
6. titta på ____ f. hem ____________
7. tvätta ____ g. gräsmattan ____________
8. äta ____ h. bilen ____________

2 **Bilden Sie Fragen in der *du*-Form. Beginnen Sie mit dem ersten Wort.** A 2: Wendungen

1. när / somna ____________
2. bruka / ta en kvällspromenad ____________
3. vad / äta på kvällen ____________
4. bruka / fika på förmiddagen ____________
5. när / stiga upp ____________
6. när / komma hem från jobbet ____________
7. bruka / handla på vägen hem ____________
8. vad / handla på vägen hem ____________

3 **Bringen Sie die Begriffe in die zeitlich richtige Reihenfolge.** A 3: Wortschatz

____ gå och lägga sig

____ fika på förmiddagen

____ handla på vägen hem

____ ta en kvällsmacka

____ komma hem från jobbet

____ somna

____ stiga upp

____ äta lunch

____ ta en kvällspromenad efter maten

_1_ vakna

____ åka hemifrån till jobbet

____ äta frukost

4 **Vervollständigen Sie den Text mit den angegebenen Begriffen.** A 3: Wendungen

har en lunchrast | hemifrån | hemma | hämtar | skyndar jag mig hem | somnar | sover | vakna

Jag stiger upp klockan sex på morgonen. Det är svårt att (1.) vakna så tidigt men det går. Först duschar jag och klär på mig. Jag tar alltid på mig något som jag trivs bra i. Sedan (2.) hämtas jag tidningen och dricker en kopp te och äter en smörgås. Jag tycker om att läsa tidningen innan jag åker till jobbet. Jag åker (3.) hemifrån före klockan åtta. Det tar en kvart att åka till jobbet. Jag börjar klockan åtta och slutar halv sex. Men på kontoret fikar vi på förmiddagen och (4.) har en lunchrast mitt på dagen. Ibland går jag ut på ett kafé med kollegerna. När jag har slutat (5.) skyndar jag mig hem och handlar lite på vägen. (6.) Hemma äter jag en kvällsmacka och tittar på nyheterna på teve. Sedan är det kanske något bra program på teve som jag tittar på. Annars läser jag en bok eller tar en kvällspromenad. Jag går och lägger mig halv elva och sedan (7.) somnar jag fort. Jag (8.) sovas nästan alltid gott.

5 **Wie kann man das Gegenteilige ausdrücken?** A 3: Wortschatz

1. alltid aldrig
2. börja sluta
3. morgon kväll
4. somna tidigt somna sent
5. billig ______
6. före efter
7. somna vakna
8. stiga upp lägger sig

6 **Setzen Sie das jeweils passende Verb in der angebrachten Form ein.** A 4: Grammatik

gå och lägga sig | klä på sig | raka sig | skynda sig | sätta sig | tvätta sig

1. Bussen kommer. Vi måste Skynda oss.
2. Lasse och Olle, titta vilket fint väder! Stig upp och klä på er fort. Vi ska åka och bada.
3. Alla barnen tvättas sig i sjön när det är varmt.
4. Jag ska ta ett kort. Kan du sätta dig bredvid Julia?
5. Filmen i går kväll var spännande så jag gick och ~~läggde~~ lade mig sent.
6. Du kan använda den här spegeln när du rakas dig på morgonen.

7 **Schreiben Sie auf Schwedisch.** A 5: Wortschatz

1. Ich gehe um halb neun von zu Hause weg. ______________________
2. Ich komme nach Hause am Nachmittag. ______________________
3. Wenn ich zu Hause bin, dusche ich. ______________________

8 **Schreiben Sie die Tätigkeiten auf, die Sie auf den Bildern sehen.** B 2: Wortschatz

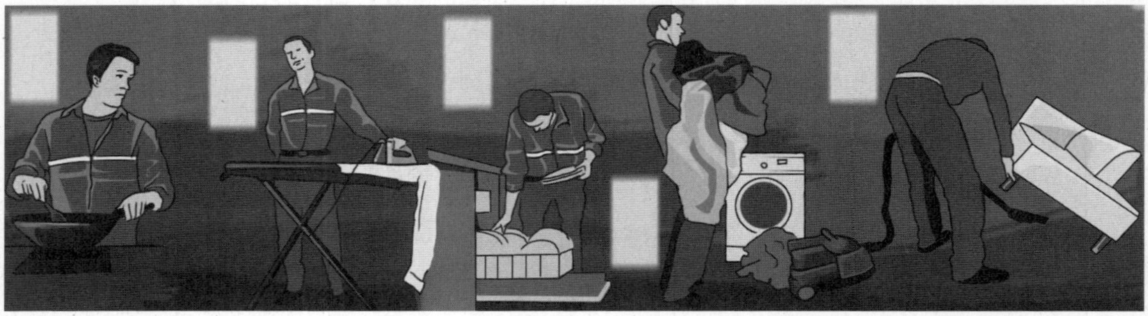

1. ____________ 2. ____________ 3. ____________ 4. ____________ 5. ____________

9 **Welches Wort passt jeweils nicht in die Reihe?** B 2: Wortschatz

1. dricka mjölk / fika / ringa samtal / äta lunch
2. duscha / klä på sig / raka sig / tvätta sig
3. somna / sova / stryka / vakna
4. klippa gräsmattan / laga mat / skotta snö / tvätta bilen
5. bädda / diska / fika med grannar / städa

10 **Wie lautet die jeweils passende Reaktion? Vervollständigen Sie.** B 3: Wendungen

Det är för sällan. | Oj då! Inte fler! | Oj då! Så sent! | Stämmer det verkligen? | Så tidigt! | Tack detsamma. | Tycker du?

1. Knappt 14 % av de svenska männen tvättar hemma. Stämmer det verkligen?
2. Jag tror att 75 % av männen skottar snö. Oj då! Inte fler!
3. Vilken snygg tröja du har! Tycker du?
4. Sov gott! Tack detsamma
5. Jag stiger upp före klockan sex. Så tidigt!
6. Jag brukar gå och lägga mig efter klockan elva. Oj då! Så sent!
7. Jag diskar en gång i veckan. Det är för sällan

11 ***Tycka* oder *tro*? Vervollständigen Sie die Sätze.** B 4: Wortschatz

1. ◗ Är det roligt att stryka?
   D Jag ______ att det är roligt att stryka.
2. ◗ Vet du när tåget går?
   D Nej men jag ______ att det går klockan elva.
3. ◗ Vet du hur man öppnar den här burken?
   D Vi ska se. Jag ______ att man gör så här.
4. ◗ Hur är boken som du läser just nu?
   D Jag ______ att den är mycket intressant.
5. ◗ Hur många barn har Kerstin? Vet du det?
   D Jag ______ att hon har tre barn.
6. ◗ Det är tråkigt att diska.
   D Det ______ jag också.
7. ◗ Vilken fin trädgård du har!
   D Det ______ jag också.
8. ◗ Finns det många sådana trädgårdar?
   D Det vet jag inte. Det ______ jag inte.

12 **Bilden Sie jeweils einen neuen Satz, der aus einem Hauptsatz und einem Nebensatz besteht. Der Nebensatz beginnt mit *innan*.** B 6: Grammatik

1. Först hämtar jag tidningen. Sedan äter jag frukost. _Jag hämtar tidningen innan jag äter frukost_
2. Först handlar jag. Sedan åker jag hem. ______
3. Först ringer jag till Fredrik. Sedan bokar jag biljetter. ______
4. Först klipper jag gräsmattan. Sedan tvättar jag bilen. ______
5. Först äter vi kvällsmat. Sedan tittar vi på teve. ______
6. Först kollar jag posten. Sedan skriver jag ett mejl. ______

13 **Vervollständigen Sie die Gebrauchsanleitung einer Spülmaschine mit dem jeweils passenden Ausdruck.** B 7: Wortschatz

lägg i | ställ in | stäng | stäng av | sätt i | sätt in | sätt på | vänta | öppna

1. ______ kontakten i vägguttaget.
2. ______ diskmedel i facket.
3. ______ porslin och bestick.
4. ______ luckan.
5. ______ rätt program.
6. ______ diskmaskinen. Lampan lyser.
7. ______ tills programmet är färdigt.
8. ______ maskinen.
9. ______ luckan.

14 **Vervollständigen Sie die Sätze mit *när, vad, vad som, varför, vem, vem som.*** B 8: Grammatik

1. Vem ska betala?

   Jan undrar ____________________ ska betala.
2. När kommer ni?

   Jag vill veta ________________ ni kommer.
3. Vad vill ni ha att äta?

   Mina föräldrar frågar __________________ ni vill ha att äta.
4. Varför ska vi stanna så länge?

   Lena undrar ________________ vi ska stanna så länge.
5. Vem hämtar kaffe?

   Mina kolleger vill veta __________________ hämtar kaffe.
6. Vad pratar ni om?

   Märta frågar ______________________ ni pratar om.
7. Vem har ni bjudit till festen?

   Jag undrar ______________________ ni har bjudit till festen.
8. Vad händer i kväll?

   Alla vill veta ____________________ händer i kväll.

15 **Lasse ruft Inger an. Frida ist am Apparat. Vervollständigen Sie das Telefongespräch.** C 2: Wendungen

1. ◗ Hej det är Lasse.
2. ◗ Det ________________________________ Frida.
3. ◗ Kan ______________________________ med Inger?
4. ◗ Nej ____.
5. ◗ Kan _______________________________________?
6. ◗ Javisst, ____________________________________.
7. ◗ Jag ska gå till doktorn i morgon

   _________________________________ till träffen.
8. ◗ Det ska jag ________________________________.
9. ◗ Fint. Tack ___________________________________.
10. ◗ Det var så lite så. Hej då.

16 **Bilden Sie ein Telefongespräch mit den angegebenen Sätzen.** C 2: Wendungen

Bara bra. Och själv? | Det går bra. | Det ska jag säga. | Du, är Jenny där? | Hallå. Det är Sven. | Hej, det är Nils Åke. | Hej. Vad kul att du ringer. Hur är det? | Jättesnällt. Tack så mycket. | Nej hon har precis gått hem. | Också bra. | Säg henne att jag följer med på lunchen i morgon. | Tack själv. Vi hörs. | Vad synd. Kan jag lämna ett meddelande till henne?

Sven	Nils Åke
1. ◗ Hallå. Det är Sven.	◗ ______
2. ◗ ______	◗ ______
3. ◗ ______	◗ ______
4. ◗ ______	◗ ______
5. ◗ ______	◗ ______
6. ◗ ______	◗ ______
7. ◗ Tack själv. Vi hörs.	

17 **Kreuzen Sie den jeweils passenden Begriff an und ergänzen Sie.** A, B, C: Wortschatz / Grammatik

Hej! Tack för presenten. Det är alltid (1.) ______ att få något som vi kan använda i den nya lägenheten. Glasen är ju fina med den blåa randen. Vi har redan (2.) ______ ur dem. De blir bra att ha när vi får gäster. Vi ska ju (3.) ______ nästa vecka. Vi har hittat en jättefin lägenhet mitt (4.) ______ stan med tre rum och kök och balkong. Vi ska först måla och städa (5.) ______ vi flyttar in alla möblerna. Alla våra vänner hjälper oss så det går nog bra. Förra veckan (6.) ______ vi flera saker som vi inte har, bland annat en diskmaskin och en kaffebryggare. Det är slut med att diska nu, som väl är. Vi bor mycket centralt nu. Kafé Tant Grön är precis i närheten. Så (7.) ______ kan vi gå och (8.) ______ någon gång. Och till fiskaffären som du gillar är det bara två minuters väg. Där får man de bästa räkorna.
Ha det så bra och vi ses. Karin och Gunnar

1. rolig ___	roliga ___	roligt ___
2. druckit ___	fikat ___	ätit ___
3. flytta ___	flyttar ___	flyttat ___
4. av ___	i ___	på ___
5. därför att ___	innan ___	när ___
6. köpa ___	köper ___	köpte ___
7. dit ___	där ___	därifrån ___
8. fika ___	handla ___	köpa ___

Repetition_2

Wortschatz und Grammatik

1 **Lesen Sie die Ansichtskarte und ergänzen Sie den Text mit den jeweils passenden Wörtern.**

Hej!
Just nu är vi på Gotland och besöker
(1.) ______________ vänner. De
(2.) ______________ ett hus här.
Det ligger precis i närheten av havet så vi badar
varje dag. Vi upplever många nya spännade saker.
I går var vi på Fårön. Vi hade picknick med
(3.) ______________ och satt vid
havet och åt. Det var varmt och vi
(4.) ______________
hela eftermiddagen. Det var en härlig dag. I morgon
ska vi (5.) ______________ till Visby.
Jag hoppas att ni också har en fin semester.
Många hälsningar
Birgitta

1. a. vår b. våra c. vårt
2. a. köper b. köpte c. har köpt
3. a. er b. oss c. sig
4. a. solar b. solade c. har solat
5. a. åka c. åker c. åkte

2 **In einem Bekleidungsgeschäft: Vervollständigen Sie den Dialog mit den jeweils passenden Wörtern.**

◗ Ursäkta, jag vill gärna ha en blå jacka. Har ni blåa jackor?

D Ja de blåa jackorna (1.) ______________ här. Den här har vi i storlek trettioåtta och fyrtio.

◗ Den är verkligen snygg, det stämmer. Får jag prova den den i storlek fyrtio?

D Ja här är den. Hur sitter den?

◗ Den är tyvärr för (2.) ______________. Har ni den i fyrtiotvå också?

D Nej tyvärr. I fyrtiotvå har vi den inte kvar. Men här har vi en annan modell. Kvaliteten är mycket bra och det är en jacka som passar till allting. Vad tycker du om (3.) ______________?

◗ Nej, den är för dyr, (4.) ______________ jag. Jag vill hellre ha en jacka som inte är så dyr och elegant.

D Nästa vecka kommer det in (5.) ______________ jackor. Kom gärna tillbaka då och titta. Vi har säkert något passande.

◗ Det gör jag. Tack för hjälpen.

1. a. hänger	b. ligger	c. passar
2. a. lilla	b. liten	c. små
3. a. de	b. dem	c. den
4. a. tror	b. tycker	c. tänker
5. a. ny	b. nya	c. nytt

Situationen

3 **Kombinieren Sie die Ausdrücke miteinander, sodass Minidialoge entstehen.**

1. Hur var det på semestern? ____
2. Vad fin du är! ____
3. Kan jag få tala med Kerstin? ____
4. Förstår du vad jag menar? ____
5. Var bor du? ____
6. När går nästa färja till Öckerö? ____
7. Ska vi gå på teatern? ____
8. Får jag byta? ____
9. Ursäkta! Är det ledigt här? ____
10. Välkomna till oss i morgon. ____

a. Ett ögonblick.
b. Det var mycket bra.
c. Javisst.
d. Ja, varsågod.
e. Spara kvittot, så går det bra.
f. Jag vill hellre titta på teve.
g. Tack, det ska bli roligt.
h. 14:45
i. På Bredgatan 32.
k. Det var roligt att höra.

Wichtige Ausdrücke

4 **Vervollständigen Sie die Sätze mit passenden Wörtern oder Ausdrücken.**

1. ____________ har kaféet öppet?
2. Jag ____________ att vi ses snart.
3. Kan du ____________ när vi är framme?
4. ____________ en biljett till Uppsala.
5. ____________ någon affär i närheten?
6. ____________ kan jag ställa cyklarna?
7. Ursäkta, jag har en ____________.
8. Får jag ____________ den gula tröjan?
9. Kan du ____________ en sak till henne?
10. Kan jag få ____________ med Björn?

Leseverstehen

5 **Lesen Sie die Werbung für Sjövik Camping und kreuzen Sie an, ob die Aussagen 1 - 5 richtig oder falsch sind.**

VÄLKOMNA TILL SJÖVIK CAMPING

Sjövik är en underbar plats på Västkusten. Här finns det moderna, mysiga stugor. Alla ligger inom 100 meter från havet. Havet och skärgården utanför ger fina möjligheter till utflykter, fiske och sportdykning.
Naturen är fantastisk. Man kan sola och bada för sig själv. Du fiskar gratis. Du kan hyra båt. Stugan för sex personer är mycket bekväm. Här finns det ett kombinerat vardagsrum-kök med matplats och ett stort sovrum med fyra sovplatser. På så sätt får föräldrarna och barnen skilda sovrum. Toa, kylskåp, kokplatta, mikrovågsugn och köksutrustning finns. Utanför finns det en möblerad uteplats under tak.
Sjövik är en modern camping med service som wc, dusch, bastu, tvättstuga, kiosk, gatukök och servicebutik med nybakat bröd varje morgon. Det finns ett stort utbud av aktiviteter för hela familjen, räkkväll med dans, fisketurer, båtturer. Du kan boka våra stugor enkelt och bekvämt via internet. Välkommen!

	rätt	fel
1. Stugorna ligger minst 100 meter från havet.	___	___
2. Du måste ha fiskekort om du vill fiska.	___	___
3. Föräldrarna och barnen behöver inte dela rum.	___	___
4. Du kan sitta ute och äta frukost.	___	___
5. Du kan köpa nybakat bröd i servicebutiken hela dagen.	___	___

11_Kan du hjälpa mig?

1 Vergleichen Sie. A 1: Grammatik

1. Hotell City 1170,– SEK /rum	Stadshotellet 1520,– SEK /rum	Hotell City är billigare än Stadshotellet.
2. Stadshotellet 1520,– SEK /rum	Hotell Finn 890,– SEK /rum	
3. Hotell Finn 80 rum	Stadshotellet 45 rum	
4. Stadshotellet 45 rum	Hotell City 60 rum	
5. Ida 26 år	Linus 32 år	
6. Maria 63 år	Peter 47 år	
7. Kerstin 3 barn	Karin 2 barn	
8. Gunnar, mycket intresserad av bilar	Erik, lagom intresserad av bilar	

2 Bilden Sie Sätze und geben Sie die höchste Steigerungsform an. A 4: Grammatik

1. Stadshotellet är ___dyrast___.
2. Hotell Finn är ______.
3. Ida är ______.
4. Kerstin har ______.
5. Hotell Finn är ______.
6. Stadshotellet är ______.
7. Maria är ______.
8. Gunnar är ______.

3 Verbinden Sie die jeweils passenden Sätze miteinander. A 1: Wendungen

1. City Hotell ligger nära centrum och är mycket bra. ____
2. Ett rum kostar 1470 kronor per natt. ____
3. Finns det något kafé i närheten? ____
4. Jag söker ett hotellrum som ligger centralt. ____
5. Kan jag betala med euro? ____

a. Det går bra.
b. Det låter bra.
c. Det är lite för dyrt.
d. Grand Hotell ligger mitt i stan.
e. Ja, där borta.

4 **Vervollständigen Sie die Sätze mit *som* bzw. *där*.** A 1: Grammatik

1. Finns det någon affär __________ man kan betala med euro?
2. Finns det något kafé __________ man kan sitta ute och äta?
3. Finns det någon restaurang __________ har italiensk mat?
4. Jag söker ett hotell __________ ligger centralt.
5. Jag söker ett hotell __________ man kan parkera i närheten.

5 **Setzen Sie die Verben in der jeweils passenden Form ein.** A 1: Wortschatz / Grammatik

betala | boka | finnas | gå | hjälpa | ligga | låta | sitta | söka | ta | äta

1. Kan du ______________ mig?
2. Jag ______________ ett bra hotellrum.
3. Grand Hotell ______________ mitt i stan.
4. Det ______________ tjugo minuter att ______________ in till stan.
5. Det ______________ bra.
6. Då ______________ jag ett rum där.
7. Kan jag ______________ med euro?
8. ______________ det något kafé i närheten, där man kan __________ ute och ______________?

6 **Vergleichen Sie. Verwenden Sie *lika ... som* bzw. (*dyrare, större*) *än*.** A 2: Grammatik

1. rum 112 870,– /natt	rum 116 870,– /natt	
2. apelsinjuicen 22 kr	äppeljuicen 18 kr	
3. Kerstin 2 systrar	Göran 2 systrar	
4. Hotell Central 60 rum	Hotell City 52 rum	
5. kaffet 25 kr	chokladen 25 kr	
6. Filip 26 år	Anna-Karin 26 år	
7. Helsingborg 120 000 invånare	Lund 100 000 invånare	

7 **Wie heißt jeweils der Gegensatz zu den angegebenen Begriffen?** A 6: Wortschatz

aldrig	1. ______	svara	2. ______	dålig	3. ______
stor	4. ______	mitt i stan	5. ______	billig	6. ______
sluta	7. ______	ny	8. ______	inne	9. ______

8 **Lesen Sie die Anzeigen und ergänzen Sie sie mit den jeweils passenden Wörtern.**
B 1: Wortschatz / Wendungen

en ring | en svart väska | gröna | guld | min jacka | liten | min kamera | mitt namn

1 Jag har tyvärr förväxlat __________ med någon. Båda är __________, men i din låg bara en gammal biljett, i min hade jag nycklar. Snälla, hör av dig!
Namn: Oscar C

2 Jag har glömt __________ på en buss i Göteborg. I den finns spårvagnskort, nycklar, plånbok med ID-kort, en filofax A 5 och mycket annat. __________ står på alla korten.
Namn: Susanna P

3 Jag har tappat __________. Det är min mammas, men tyvärr står det inget i den. Den är av __________ med sju diamanter. Generös hittelön.
Namn: Rolf S

4 Har tappat __________ i en grå väska. Den är ganska __________. På filmen bilder på familjen och på en fest. Bra hittelön!
Namn Philip L

9 **Verben mit betontem Partikel. Tragen Sie *in, med, upp, ut* ein.** B 2: Wortschatz / Grammatik

1. Har du inte lust att följa ______ på bio?
2. Vi ska försöka att leta ________ samhället på kartan.
3. Lägg _______ annonsen på nätet (= internet).
4. Hur ser ditt hus ________?
5. Skriv _________ allt som du behöver.
6. Glöm inte att ta ______ pengar på banken.

10 **Was wird beschrieben? Lesen Sie die Sätze und raten Sie!** B 4: Wortschatz / Wendungen

1. Det här är en sak som är rund, grön och röd, som växer i trädgården och som man kan äta. ______________________________
2. Det här är en sak som är av papper, som är lätt och tunn och som är fyrkantig och som man måste köpa när man vill åka buss eller tåg. ______________________________
3. Det här är en sak som är av metall och som är mörkgrön och som är bra att ha till exempel när man vill åka och handla. ______________________________
4. Det här är en sak som är av papper, fyrkantig, ganska tjock och tung och som kan vara spännande och intressant. ______________________________
5. Det här är en sak som är av glas och metall, som har två runda delar och som är bra att ha när man vill läsa. ______________________________
6. Det här är en sak som är av porslin. Den är brun och den är bra att ha när man vill dricka något. ______________________________

11 **Vervollständigen Sie mit *av, i, med, om, på*. Einige Präpositionen kommen mehrmals vor.** B 5: Grammatik

1. Om du har glömt något __________ tåget eller ________ bussen kan du få hjälp här med att hitta det.
2. ◗ Kan du beskriva väskan?
   D Den är __________ svart läder.
3. Jag har en flaska parfym __________ väskan.
4. Kan jag betala __________ euro?
5. Jag behöver informationer __________ adresser och öppettider.
6. Den här tallriken är __________ plast. Den går inte så lätt sönder. Men tallrikar __________ porslin är inte så stabila.
7. Jag har precis tagit ut pengar __________ bankomaten.
8. Är din ring __________ guld?

12 ***Av* oder *om*? Tragen Sie die jeweils passende Präposition ein.** C 1: Grammatik

1. *Nils Holgersson* är en bok __________ Selma Lagerlöf.
2. Den handlar __________ Sveriges geografi.
3. Känner du till någon bra bok __________ historia?
4. Då rekommenderar jag en bok __________ Herman Lindqvist.
5. Jag är intresserad __________ allt som har med historia att göra.
6. Ulla vet mycket __________ svensk litteratur.
7. Hon har läst nästan allt __________ de moderna författarna.

13 **Bringen Sie die Wörter in die richtige Reihenfolge.** C 1: Wendungen / Grammatik

1. att / böcker / historia / intressanta / jag / mycket / om / tycker / är

   ____

2. att / att / böcker / inte / läsa / lätta / säger / Ulla / äldre / är

   ____

3. att / bra / den / Jan / nya / restaurangen / tycker / är

   ____

4. Alice / att / de / den / fisk / har / inte / nya / på / restaurangen / säger

   ____

5. att / han / inte / litteratur / mycket / om / Peter / säger / svensk / vet

   ____

6. har / inte / jag / jag / min / tappat / var / vet / väska

   ____

14 **Schreiben Sie eine passende Frage zu diesen Antworten.** C: Wendungen

Frage	Antwort
1.	Historiska romaner. Aktuella tidningar. Dikter.
2.	Den är mycket lätt att läsa. Det är en fantastisk roman. Den beskriver livet i Stockholm mycket bra.

15 **Bilden Sie Sätze wie im Beispiel.** C: Grammatik

Beispiel:
Bussen är / billig / taxin
Bussen är billigare än taxin.

1. Ert rum är / stor / vårt rum ______
2. Jag vill / gärna äta lunch / fika ______
3. Jag gick upp / tidigt i morse / i går ______
4. Grand Hotell är / gammal / Hotell Finn ______
5. Deckare är / spännande / facklitteratur ______
6. Carlssons kafé ligger / centralt / Parkkaféet ______
7. Maten här är / bra / maten som vi fick i går ______

16 **Unterstreichen Sie die jeweils passende Antwort.** A, B, C: Wendungen

1. Tack för hjälpen.
   a. Det låter bra.
   b. Det var roligt att hjälpa dig.
2. Kan jag växla pengar här?
   a. Det går bra.
   b. Det är bra.
3. Tack så mycket.
   a. Det gör ingenting.
   b. Det var så lite.
4. Hur ser din väska ut?
   a. Den är av mörkrött läder.
   b. Jag har mycket i den.
5. Vad har du i väskan?
   a. Den är stor och ganska tung.
   b. Mycket. Pengar, näsdukar, pennor.
6. Här är din väska.
   a. Lycka till!
   b. Vad bra. Nu har jag haft tur.

12_Bättre och bättre dag för dag.

1 **Schreiben Sie die Begriffe neben die Sätze.** A 1: Wortschatz
När kan man vara eller bli …?

ledsen | glad | arg | trött | stressad | rädd

1. När en stor hund kommer springande. ____________
2. När man har arbetat för mycket. ____________
3. När man har för mycket att göra. ____________
4. När någon gör något dumt. ____________
5. När solen skiner. ____________
6. När någon är sjuk. ____________

2 **Bilden Sie sinnvolle Sätze aus den Elementen.** A 2: Wendungen

1. Arbetet ____	a. skiner.
2. Bilisten ____	b. förlorar.
3. Mitt fotbollslag ____	c. kör för långsamt.
4. Jag lär mig ____	d. morgontidningen.
5. Solen ____	e. trött.
6. Jag läser ____	f. att göra.
7. Jag har mycket ____	g. går bra.
8. Jag känner mig ____	h. något nytt.

1. ____________
2. ____________
3. ____________
4. ____________
5. ____________
6. ____________
7. ____________
8. ____________

3 **Vervollständigen Sie mit den Begriffen in Klammern in der bestimmten Form.** A 3: Grammatik

Beispiel:

Idag serverar matsalen en vegetarisk meny och en italiensk.

(vegetarisk/meny) Den vegetariska menyn har fler rätter än (italiensk) den italienska.

1. ◗ Vad är speciellt bra med kurhotellet?
   D (god/mat) ______, (perfekt/service *en*) ______
   och (modern/rum *pl*) ______.
2. ◗ Hotellet har två matsalar, en gammal och en ny. Var vill du helst äta?
   D Jag vill gärna äta i (gammal/matsal) ______. Den är
   stämningsfullare än (ny) ______.
3. ◗ Vilket rum bor ni i?
   D I (stor/gul/rum) ______ på första våningen.
4. ◗ Har du varit på (liten/kafé) ______ vid hamnen?
   D Ja det har jag. Det är verkligen ett mysigt kafé.
5. ◗ Vad finns kvar från (gammal/tid) ______?
   D (fin/miljöer) ______ och Strandpromenaden.
6. I Varberg är man alltid nära (salt/frisk/hav) ______.

4 **Vervollständigen Sie die Sätze mit den Verben in der jeweils passenden Form (Präsens, Präteritum, Infinitiv).** A 3: Gramamtik

1. Sven ______ ______ fotboll varje lördag.	bruka, spela
2. Jag ______ i trädgården för att ______ bra.	jobba, må
3. Tidigare ______ man på spa när man ______ sjuk.	åka, vara
4. Sedan ______ det ______ kul	ska, vara
och man ______ ______ trevligt.	vilja, ha
5. Det ______ populärt att ______ presentkort.	vara, ge bort
6. Om man inte ______ så mycket tid	ha
______ man ______ ett dagspa.	kunna, besöka
7. Nu ______ trenden att man ______ kraft och energi.	vara, söka

5 **Ordnen Sie zu, sodass sinnvolle Wörter entstehen. Mehrere Lösungen sind möglich.** A 5: Wortschatz

1. bad ____	a. kräm	______________________
2. gymnastik ____	b. borste	______________________
3. hals ____	c. kläder	______________________
4. hand ____	d. skor	______________________
5. present ____	e. tablett	______________________
6. näs ____	f. kräm	______________________
7. sol ____	g. duk	______________________
8. tand ____	h. duk	______________________
9. tand ____	i. kort	______________________

6 **Welche Körperteile gehören zusammen Ihrer Meinung nach?** B 1: Wortschatz

arm | ben | bröst | finger | fot | hals | hand | huvud | knä | mage | mun | rygg | öga | öra

1. ben, ____________, ____________
2. arm, ____________, ____________
3. huvud, ____________, ____________, ____________
4. hals, ____________
5. bröst, ____________

7 **Was sagen Sie auf Schwedisch wenn Sie ...** B 2: Wendungen

1. ... jemandem gute Besserung wünschen wollen? ______________________
2. ... etwas bedauern wollen? ______________________
3. ... fragen wollen, wie es jemandem geht? ______________________
4. ... hoffen, dass es jemandem besser gehen wird? ______________________
5. ... sagen wollen, dass es Ihnen nicht gut geht? ______________________
6. ... sagen wollen, dass es Ihnen schlecht ist? ______________________

8 **Unterstreichen Sie die jeweils passende Antwort.** B 2: Wendungen

1. Hur mår du?
   a. Det är ju bra.
   b. Jag är förkyld.
2. Hur mår du?
   a. Inget vidare.
   b. Vad tråkigt.
3. Hur är det?
   a. Bara bra, tack.
   b. Tack ska du ha.
4. Jag har ont i ryggen.
   a. Lycka till!
   b. Vad tråkigt. Krya på dig!

9 **Singular oder Plural? Ergänzen Sie.** B 4: Grammatik

öga	1. ______	2. ______	fötter	hand	3. ______
4. ______	fingrar	5. ______	öron	6. ______	knän
ben	7. ______	arm	8. ______	tand	9. ______

10 **Vervollständigen Sie die Sätze mit *att* bzw. *om*.** B 6: Grammatik

1. Kom tillbaka __________ du inte är frisk i morgon.
2. Jag tycker __________ du ser bättre ut idag.
3. Stanna hemma __________ du har ont i ryggen.
4. __________ du är frisk kan du börja arbeta igen.
5. Jag tror __________ du blir frisk __________ du tar den här medicinen.
6. Det är synd __________ du är sjuk idag. Vi får besök.

11 **Vervollständigen sie das Telefongespräch.** B 7: Wortschatz

Vårdcentralen, syster Birgitta.

1. Hej det är Lasse Olsson. ____________________
(Sagen Sie, dass es Ihnen nicht gut geht.)

Har du ont någonstans?

2. ____________________
(Sagen Sie, dass Sie Halsschmerzen und Schmerzen in der Brust haben.)

Har du feber?

3. ____________________
(Sagen Sie, dass Sie das glauben.)

Då tycker jag att du kommer hit, så ska vi skriva ut medicin som du kan hämta på apoteket.

4. ____________________
(Sie fragen, wann Sie kommen können.)

Klockan tre blir bra.

5. ____________________
(Sie sagen, dass Sie dann kommen werden.)

Glöm inte din patientbricka.

Nej det ska jag inte. Tack och hej.

Hej.

12 **Tragen sie *i* bzw. *om* in die Lücken ein.** C 1: Grammatik

1. Ta hostmedicinen tre gånger __________ dagen.
2. Två gånger __________ veckan går jag och simmar.
3. Tidningen utkommer fyra gånger __________ året.
4. Jag vill inte komma för sent så jag tittar på klockan flera gånger __________ timmen.
5. Vi går ut och äter ett par gånger __________ månaden.

13 **Ergänzen Sie die Mindmap mit den angegebenen Begriffen.** B, C 1: Wortschatz

bryta benet | cykla | dricka något varmt | ha ont i huvudet | må illa | simma | sluta röka | sova mycket | spela fotboll | springa | ha ont i ryggen | ta det lugnt | vara förkyld | åka skidor | äta frukt

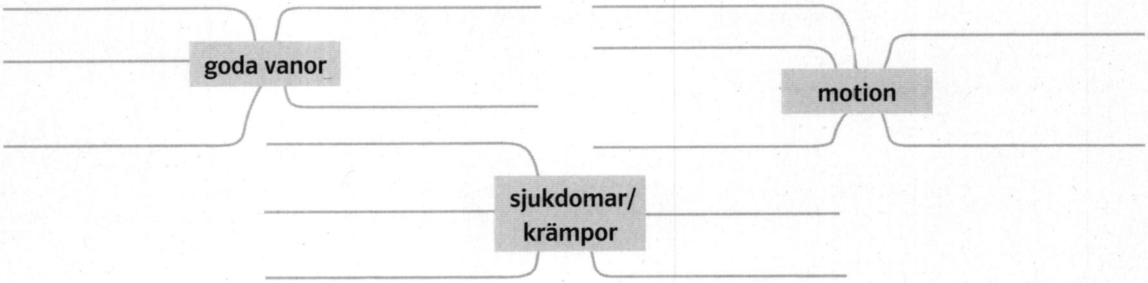

14 **Wählen Sie das jeweils passende Wort und tragen Sie es ein.**

Lika – men ändå olika

Vem är egentligen vem av systrarna Kallur, Sveriges snabbaste tvillingar inför VM i friidrott i Helsingfors 2005? Jenny är fyra minuter (1.) ____________________ än systern Sanna, och hennes hår är lite (2.) __________. Finns det (3.) __________ olikheter? "Det är klart ...," säger Jenny. "... att det gör", säger Sanna. Så pratar de oftast i munnen på varandra. De har olika hårfärg för att man ska kunna se skillnaden på dem. Tidigare såg de själva inte skillnad på bilderna när de (4.) ______________ i tidningar.

Pappa Anders Kallur (5.) __________ hockeyproffs på 1980-talet i New York. Sanna och Jenny växte upp på Long Island. När de var fem flyttade de först till Italien och sedan till Frankrike där Anders var tränare. Lagom till skolstarten kom de (6.) ___________ Falun. De gick först i samma klass men sedan valde de att gå i olika klasser. Båda sysslade med gymnastik och när de var 15 började de med friidrott, den olympiska huvudidrotten. (7.) _________ gick bra och sedan har de blivit bättre och bättre. Bäst är Sanna som vinner många tävlingar. I början av året tog hon (8.) ____________ i EM i Madrid på 60 meter häck. Jenny som också tävlade blev tvåa och tog (9.) ____________. Då kom de in i toppen i (10.) ______________ friidrott.

1.	a. gammal	b. äldre	c. äldst	6.	a. i	b. från	c. till
2.	a. mörk	b. mörkare	c. mörkast	7.	a. de	b. den	c. det
3.	a. många	b. fler	c. flest	8.	a. brons	b. guld	c. silver
4.	a. lyssnade	b. pratade	c. tittade	9.	a. brons	b. guld	c. silver
5.	a. är	b. var	c. har varit	10.	a. svensk	b. svenska	c. svenskt

13_Det är en trevlig kille.

1 **Schreiben Sie neben jeden Satz den jeweils passenden Feiertag.** Auftakt: Wortschatz

bröllop | födelsedag | jul | midsommar | nyår | påsk | studentexamen

1. Vi blir ett år äldre. ______________________
2. Det gamla året är slut, det nya börjar. ______________________
3. Vi ger varandra presenter. ______________________
4. Två personer gifter sig. ______________________
5. Vi äter ägg. ______________________
6. Skolan är slut. ______________________
7. Vi äter sill och färsk potatis och dansar. ______________________
   Det är årets längsta dag och kortaste natt.

2 **Sehen Sie sich den Stammbaum an und ergänzen Sie die Sätze.** A 1: Wortschatz

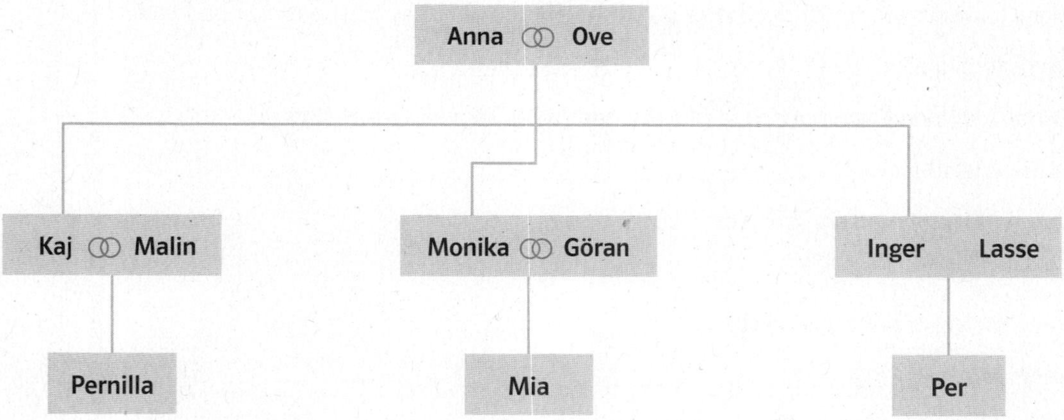

1. Göran är Monikas ______________________
2. Inger är Lasses ______________________
3. Anna är Kajs ______________________
4. Mia är Pers ______________________
5. Per är Annas och Oves ______________________
6. Inger är Monikas ______________________
7. Kaj är Monikas ______________________
8. Ove är Ingers ______________________
9. Anna och Ove är Görans ______________________
10. Monika är Pers ______________________

3 **Schreiben Sie die jeweils entsprechende Ordnungszahl.** A 5: Grammatik

Sveriges sju populäraste resmål:
1. Liseberg (Göteborg), Nordens största nöjespark | 2. Skansen (Stockholm), världens äldsta friluftsmuseum | 3. Gröna Lund (Stockholm), Sveriges äldsta nöjespark | 4. Kulturhuset (Stockholm), konst, teater, konserter | 5. Vasamuseet (Stockholm) | 6. Kulturmagasinet (Sundsvall), galleri, konst, kafé och restaurang | 7. Aq-va-kul (Malmö), äventyrs- och motionsbad, utepool och bastu

1. Vilket resmål står på ______________________ platsen? Aq-va-kul i Malmö.
2. Vilket resmål står på ______________________ platsen? Gröna Lund i Stockholm.
3. Vilket resmål står på ______________________ platsen? Kulturhuset i Stockholm.
4. Vilket resmål står på ______________________ platsen? Liseberg i Göteborg.
5. Vilket resmål står på ______________________ platsen? Kulturmagasinet i Sundsvall.
6. Vilket resmål står på ______________________ platsen? Skansen i Stockholm.
7. Vilket resmål står på ______________________ platsen? Vasamuseet i Stockholm.

4 **Wer ist gemeint?** A 7: Grammatik

1. Kalle semestrade med sina föräldrar och med sin bror.
   Med vems föräldrar och med vems bror? ______________________
2. Hans föräldrar solade för det mesta på stranden men han själv och hans bror paddlade kanot.
   Vems föräldrar och vems bror? ______________________
3. Sedan var han tillsammans med Olle och hans föräldrar i en vecka i Norge.
   Med vems föräldrar? ______________________
4. Olle hade tagit med sig sin cykel.
   Vems cykel? ______________________
5. Kalle lånade ibland hans cykel.
   Vems cykel? ______________________

5 **Vervollständigen Sie den Text mit dem jeweils passenden Pronomen: *hans, hennes, deras, sin, sitt* oder *sina*.** A 7: Grammatik

Frida tog studenten i våras. Det var en stor fest. Hon firade festen hemma hos (1.) ______________ föräldrar. (2.) ______________ hus är så stort att man kan ha en stor fest där. Hela släkten var med och alla (3.) ______________ kompisar kom också och gratulerade. Det kom så många att (4.) ______________ föräldrar inte kände alla. (5.) ______________ föräldrar hade beställt mat på en restaurang. Frida fick (6.) ____________ älsklingsrätt som är älgstek. Det blev hon glad för. Hon fick många fina presenter. Allra gladast blev hon över en resa som hon fick av (7.) ____________ föräldrar. Efter festen skrev hon till alla (8.) ____________ släktingar och vänner och tackade för de fina presenterna.

6 Schreiben Sie passende Fragen zu den Antworten. B 2: Wendungen

1. ____________ Hon heter Birgitta.
2. ____________ Hon läser ekonomi på handelshögskolan i Göteborg.
3. ____________ Hon är bara 23 år gammal.
4. ____________ Hon har ljust kort hår. Hon ser bra ut.
5. ____________ Hon kommer från Tomelilla i Skåne.
6. ____________ Hennes pojkvän jobbar på Volvo.
7. ____________ Han heter Oskar.
8. ____________ Han är lite äldre. Tjugosju år.
9. ____________ Han är mycket trevlig. Glad och vänlig.

7 Ergänzen Sie die Mindmaps mit passenden Wörtern. B 5: Wortschatz

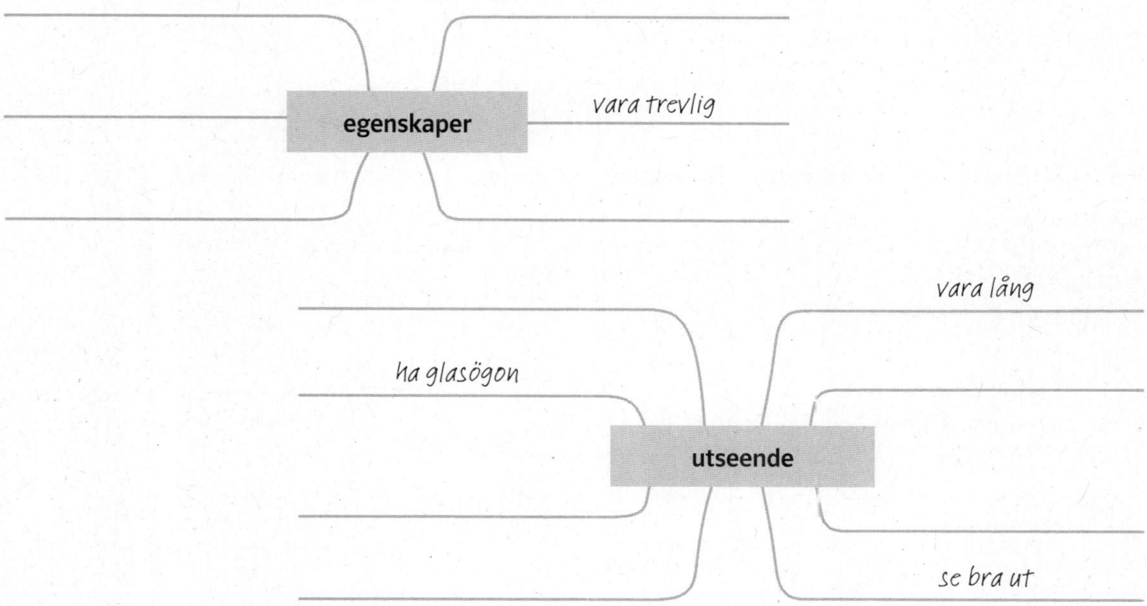

8 **Verbinden Sie die Wortteile zu sinnvollen Wörtern.** B 5: Wortschatz

fiken | ig | lig | lig | låten | ländsk | sam | sam

1. hjälp________________
2. ny________________
3. sport________________
4. tyst________________
5. trev________________
6. ut________________
7. prat________________
8. vän________________

9 **Bringen Sie die Wörter in die richtige Reihenfolge.** B 6: Wendungen

1. att / bra / han / jag / inte / ser / tycker / ut
____
2. det / heller / inte / jag / nej / tycker
____
3. Annika / flickvän / går / hans / heter / jag / kurs / och / på / samma / som
____
4. Danmark / fram / från / hår / killen / kommer / kort / längst / med / mörkt
____
5. att / att / av / bra / bra / böcker / filmer / intresserad / jag / läsa / och / se / är
____
6. att / barn / bra / hemma / jag / med / mina / trivs / vara
____
7. att / har / inte / jag / läsa / tid / tyvärr
____

10 **Finden Sie jeweils zwei Wendungen mit ähnlicher Bedeutung. Schreiben Sie sie dann auf.** B 6: Wendungen

ha bråttom | ha ljust hår | ha mycket lite tid | hinna | inte prata mycket | plugga | se bra ut | studera | tycka om | vara blond | vara nyfiken | vara snygg | ha tid | vara tystlåten | vilja veta mycket | älska

1. ________________________
2. ________________________
3. ________________________
4. ________________________
5. ________________________
6. ________________________
7. ________________________
8. ________________________

11 Ergänzen Sie den Text mit den angegebenen Ausdrücken. B 6: Wendungen

a. har svarta jeans och en kort svart läderjacka på sig | b. laga mat och träffa sina vänner | c. lära sig engelska | d. måste resa mycket | e. tar långa promenader | f. träffar hon sin syster och sina föräldrar | g. vara hemma hos familjen

Lena är glad över att (1.) ______________________. Hon bor annars i London men nu är hon på besök i Västergötland. Här (2.) ______________________ och de sitter ofta vid köksbordet och fikar och pratar med vännerna och berättar. Den lilla katten ligger och sover i hennes knä. De (3.) ______________________ och springer i skogen. Lena har långt ljust hår och (4.) ______________________. Hon flyttade till London efter skolan. Hon ville (5.) ______________________ och började jobba på en restaurang. Nu har hon jobb på ett kontor som sysslar med reklam. Hon gillar sitt jobb men det är stressigt. Det betyder att hon (6.) ______________________. Hon har många intressen. Hon är intresserad av teater och film. På fritiden gillar hon att (7.) ______________________. Hon är en vänlig och hjälpsam person.

12 Vervollständigen Sie die Sätze mit den Präpositionen *av, om, på*. B 7: Grammatik

1. Vi var ______ moster Karins sommarställe.
2. Vi brukar träffas en gång ______ året.
3. Bilen är ______ verkstaden.
4. Jag är intresserad ______ djur.
5. Vad gillar du att göra ______ fritiden?
6. Författaren berättar ______ boken i sitt liv.
7. Det är *Mio, min Mio* ______ Astrid Lindgren.
8. Det är kul att gå ______ bio.
9. Jag tycker om att lyssna ______ musik.
10. Vi berättar ______ några fina trädgårdar.

13 Ergänzen Sie mit dem jeweils passenden Zeitausdruck. C 1: Grammatik

på fredag | igår | i lördags | på torsdag | i morgon | i fredags

Juni

18 1. ______	**19** 2. ______	**20** 3. ______	**21 Måndag** 4. idag
22 5. ______	**23** 6. på onsdag	**24** 7. ______	**25** 8. ______

14 **Lesen Sie die Texte. Einige Personen erzählen, was sie am letzten Wochenende gemacht haben. Welche Aussage stimmt jeweils? Kreuzen Sie an.** C 1: Lesen

1a. ____ Jag var först hemma hos en kompis och sedan var vi på en konsert med Lisa Ekdahl. / 1b. ____ Vi ska lyssna på henne själv på helgen. | 2a. ____ Jag såg en film som var mycket bra. / 2b. ____ Den går i kväll också. | 3a. ____ Helgen var fin. Många aktiviteter, på dagen sport och på kvällen pubbesök. / 3b. ____ Vi ska åka upp på fredag igen. | 4a. ____ Jag gjorde inte så mycket. Jag kopplade av. Det var skönt. / 4b. ____ Det ska bli kul att ta en kopp kaffe när kursen är slut.

Hur var helgen?

1. ◗ Jag hade det mysigt. Jag var hemma hos Klas i lördags och lagade mat och åt och drack öl och lyssnade på musik. Han har en ny CD med Lisa Ekdahl. Den är schysst. Vi ska gå på hennes konsert på lördag kväll.
   D Vad kul.

2. ◗ I fredags var jag på bio.
   D Vad såg du?
   ◗ *Dag och natt* med Pernilla August och Erland Josephson.
   D Var den bra?
   ◗ Väldigt spännande.
   D Går den i kväll, vet du det?
   ◗ Nej, men i morgon, det vet jag.
   D Bra, då ska jag gå och se den.

3. ◗ Vi åkte upp till Åre över helgen och åkte både skidor och snowboard. Vädret var perfekt. Olles föräldrar har en lägenhet där som vi bodde i. På kvällarna var vi mest ute. Där finns det många bra pubar. Vi ska åka upp dit på lördag igen. Schysst!

4. ◗ Jag gjorde inget speciellt. Jag satt och läste hela tiden. Jag har ju en tenta *(Prüfung)* nästa vecka.
   D Stackars dig! Ska vi inte göra något tillsammans nästa vecka?
   ◗ Gärna! Har du tid på onsdag?
   D Ja, det går bra. Ska vi fika efter kursen?
   ◗ Javisst, det blir bra.

15 **Ordnen Sie die Antworten den Sätzen zu und schreiben Sie sie auf.** A, B, C 2: Wendungen

a. ___ Det är kul att se bra filmer. | b. ___ Det är min mor. | c. ___ Jag har tyvärr inte tid. | d. ___ Han jobbar på kontor. | e. ___ Mycket trevlig. | f. ___ Tack. | g. ___ Vi dansade hela kvällen.

1. Grattis på födelsedagen. ____________________
2. Hur är han? ____________________
3. Och sedan då? ____________________
4. Passar det på söndag kväll? ____________________
5. Vad sysslar han med? ____________________
6. Vad tycker du om att göra? ____________________
7. Vem är Elsa? ____________________

14_Vad sysslar du med?

1 **Ein Interview. Vervollständigen Sie es mit den passenden Fragen.** A 1: Wendungen

a. Hur fick du jobbet? | b. Vad får du i lön? | c. Hur länge har du jobbat här? | d. Vad gör du annars? | e. Hur ofta jobbar du? | f. Vad jobbar du med? | g. Varför vill du ha ett extrajobb?

Filippa Holmberg arbetar på ett kafé.

1. ◗ ______________________________

   D Jag står i kassan och jobbar i köket med lite olika saker.

2. ◗ ______________________________

   D Jag sökte feriejobb och skickade in en ansökan. Sedan kom jag på anställningsintervju och så fick jag jobbet.

3. ◗ ______________________________

   D Sedan i slutet av maj.

4. ◗ ______________________________

   D Jag jobbar här varannan helg, nu när jag pluggar.

5. ◗ ______________________________

   D Jag vill tjäna lite extrapengar. Jag har lägenhet i Göteborg, eftersom jag pluggar där, så det blir lite extra till hyran.

6. ◗ ______________________________

   D 57 kronor i timmen.

7. ◗ ______________________________

   D Jag går första året på Göteborgs Tekniska Gymnasium.

2 **Vervollständigen Sie die Texte mit den Verben in der jeweils passenden Form (Präsens oder Infinitiv).**
A 1: Grammatik

Ola

Jag (1.) ______________ frisör och jag (2.) ______________ både kvinnor och män.	vara, klippa
Man måste (3.) ______________ (4.) ______________ vad som	kunna, se
(5.) ______________ kundens ansikte. Jag (6.) ______________ att	passa, tycka om
(7.) ______________ med människor. Tyvärr måste jag (8.) ______________	prata, stå
nästan hela dagen.	

Yvonne	
Jag (9.) ________ på ett hotell och jag (10.) ________ att	arbeta, se till
gästerna (11.) ________. Här måste man (12.) ________	trivas, kunna
språk och (13.) ________ att (14.) ________ med	tycka om, arbeta
människor. Jag (15.) ________ gästerna när de	ta emot
(16.) ________ och (17.) ________.	komma, checka in
Jag (18.) ________ dem nyckeln till deras rum och	ge
(19.) ________ på frågor.	svara

3 Diese Leute beschreiben ihre Arbeit. Was sagen sie? A 1d: Wortschatz
Benutzen Sie die Adjektive in der jeweils passenden Form.

farlig | ansträngande | intressant | tråkig | stressig | tung

1. **Johanna** Jag måste göra många saker på samma gång, det kommer människor, det ringer …
   Mitt jobb är ________
2. **Göran** Jag måste alltid göra samma sak, aldrig något nytt.
   Mitt jobb är ________
3. **Mikael** Jag måste bära mycket.
   Mitt jobb är ________
4. **Maria** Jag kan själv bestämma vad jag gör, jag har ofta nya uppgifter.
   Mitt jobb är ________
5. **Anna** Jag har en lång arbetsdag, jag måste stå hela dagen.
   Mitt jobb är ________
6. **Tommy** Jag arbetar inom byggbranschen. Där händer det olyckor ibland.
   Mitt jobb är ________

4 Ordnen Sie zu, sodass sinnvolle Wendungen entstehen. A 3: Wendungen

1. bädda med ____	a. goda råd	________
2. delta i ____	b. frågor	________
3. ge ____	c. körkort	________
4. ringa efter ____	d. ett möte	________
5. svara på ____	e. taxi	________
6. ta ____	f. rena lakan	________

5 **Tragen Sie die fehlenden Begriffe ein.** B 1: Wortschatz

kuvert | lampa | pärm | sax | suddgummi | USB-minne

1. Jag sätter in alla mina papper och dokument i en ____________________
2. Jag klipper håret själv så jag behöver en bra ____________________
3. Jag ska skriva brev. Jag behöver brevpapper, ____________________ och frimärken.
4. Jag tänder min ____________________ när det blir mörkt på kvällen.
5. Jag har skrivit fel. Kan du ge mig ett ____________________?
6. Jag kopierar alla dokument till ett ____________________. Det är så lätt att ta med sig.

6 **Wie heißen diese Gegenstände im Plural?** B 2: Grammatik

1. diskett ____________________
2. pärm ____________________
3. biljett ____________________
4. räkning ____________________
5. lampa ____________________
6. sax ____________________
7. brev ____________________
8. suddgummi ____________________

7 **Ordnen Sie den deutschen die schwedischen Begriffe zu.** B 3: Wortschatz

1. neues leeres Dokument ____
2. drucken ____
3. speichern ____
4. öffnen ____
5. schließen ____
6. einfügen ____
7. ausschneiden ____
8. kopieren ____
9. fett ____

a. öppna
b. kopiera
c. stäng
d. fet stil
e. spara
f. skriv ut
g. klistra in
h. nytt dokument
i. klipp ut

8 **Bilden Sie Wortpaare mit je einem Verb und einem dazu passenden Gegenstand.** B 4: Wortschatz

mejla | mobil | penna | dator | prata | ringa | skriva brev | messa | skrivare | mun | skriva ut | telefon

1. ____________________
2. ____________________
3. ____________________
4. ____________________
5. ____________________
6. ____________________

9 **Vervollständigen Sie die Anleitung einer Online-Buchhandlung mit den angegebenen Wendungen.** B 5: Wendungen

a. Fyll sedan i övriga uppgifter. | b. Klicka på knappen *bekräfta beställning* längst ner på sidan. | c. Klicka på *lägg i varukorgen.* | d. Kontrollera att alla uppgifterna är korrekta. | e. Leta först upp den bok som du är intresserad av. | f. När du kommer till kassan registrerar du dig.

INFO **Din varukorg är tom.** Så här handlar du i vår bokhandel >>

Så handlar du	**Dina uppgifter**	**Kundservice**	**Avtalsvillkor**	**MedMera**

Så här handlar du i vår bokhandel!

1. ____________________
2. ____________________

Sedan klickar du på gå *till kassan.*

3. ____________________

Det gör du genom att klicka på *ny privatkund.*

Fyll i uppgifterna som är nödvändiga för att bli kund.

Välj först användarnamn och sedan lösenord.

4. ____________________

Klicka på fortsätt.

5. ____________________
6. ____________________

Du kan avbryta köpet genom att klicka på *avbryt köp.*

10 **Bringen Sie die Wörter in die richtige Reihenfolge und tragen Sie Verb und Partikel an die jeweils passende Stelle ein.** A, B: Grammatik

1. att / jag / med / människor / prata tycker om ____________________
2. dataprogram / du / vilka / känner till? ____________________
3. adressen / bankens / hemsida / till skriva in ____________________
4. beloppet / du / här / fyller i ____________________
5. din / du / här / kod skriver in ____________________
6. den / du / här / kan / texten skriva ut? ____________________

11 **Vervollständigen Sie den Text über Astrid Lindgren mit den Verben im Präteritum.** C 1: Grammatik

1. Astrid Lindgren föddes i november 1907 i ett rött gammalt hus. Hon och hennes familj (*bo*) __________ på en gård som (*heta*) ____________ Näs och som (*ligga*) ______________ i närheten av Vimmerby, en liten stad i Småland. Hon (*ha*) ______________ tre syskon. Astrid (*älska*) ________________ att läsa när hon (*vara*) ________________ barn.
2. 1926 (*flytta*) ________________ hon till Stockholm, (*bli*) ______________ sekreterare och (*få*) ______________ plats på kontor.
3. 1931 (*gifta*) ____________________ hon sig med Sture Lindgren. Hon (*ha*) ____________ två barn, Lars och Karin.
4. 1941 när hennes dotter Karin (*vara*) ________________ sjuk (*vilja*) ______________ hon höra en historia. "Vad ska jag berätta?" (*fråga*) ____________ Astrid. Karin (*svara*) ____________: "Berätta om Pippi Långstrump!" Och Astrid (*börja*) ____________ berätta.
5. 1944 (*skriva*) ______________________ Astrid Lindgren Pippiberättelsen och (*ge*) __________ Karin manuskriptet i födelsedagspresent när hon (*fylla*) ____________ tio år.
6. 1945 (*få*) ______________________ hon första pris för Pippi Långstrump i en pristävling om barnböcker. Så (*börja*) ______________ det och Pippi Långstrump (*bli*) ____________ en succé.
7. Sedan (*följa*) ________________ många böcker.
8. Astrid Lindgren (*dö*) __________________ den 28 januari 2002.

12 **Ergänzen Sie die Sätze mit *innan* bzw. *medan*.** C 1: Grammatik

1. ______________________ jag somnade läste jag några sidor i den nya boken.
2. ______________________ jag åt frukost hämtade jag tidningen.
3. Jag sitter och väntar på kaféet ______________________ de andra går och handlar.
4. Tänk efter vad du behöver ______________________ du ringer.
5. Ska vi inte klippa gräsmattan ______________________ vädret är fint?
6. ______________________ de andra tittar på fotbollsmatchen tar jag en promenad.
7. Ska vi inte klippa gräsmattan ______________________ det börjar regna?

13 **Bringen Sie die Wörter in die richtige Reihenfolge.** C 2: Wendungen

1. ett / har / heltid / i / jag / månader / par / pluggat / på / svenska

   ____

2. börjar / dagarna / ett / jag / i / i / precis / på / min / sjukhus / Sverige / tjänst

   ____

3. i / jag / läkarkolleger / några / och / skidor / söndags / tyska / åkte

   ____

4. en / Göteborg / jag / har / i / kurs / läst / på / svenska

   ____

5. du / har / just / nu / uppgifter / viktiga / vilka

   ____

6. du / ge / i / kan / mig / morgon / svar / till

   ____

15_Vad händer sedan?

1 Vervollständigen Sie die Wörter. A 3a: Wortschatz

a. bildning | b. branschen | c. full | d. föring | e. lov | f. mod | g. skolan | h. talande | i. tid | k. trött

1. grund______________
2. sommar______________
3. skol______________
4. bok______________
5. fransk______________
6. menings______________
7. tåla______________
8. ut______________
9. arbets______________
10. turist______________

2 Ergänzen Sie die Mindmaps mit den jeweils passenden Wörtern. A 3a: Wortschatz

arbetstider | bokföring | elever | firma | gymnasiet | byta jobb | jullovet | lön | välja program | skatt | sommarlovet | tjäna bra | vara skoltrött | ämne

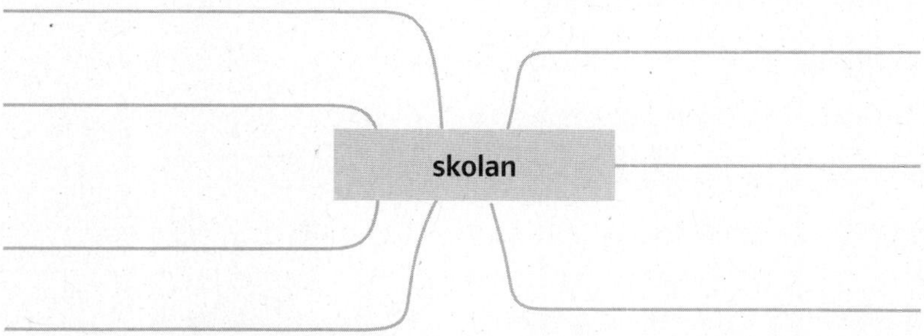

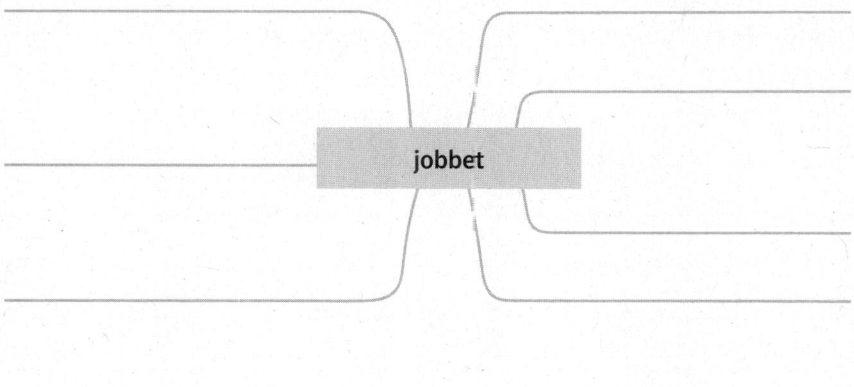

3 **Vervollständigen Sie die Sätze mit den Präpositionen *i, om, på*.** A 3a: Grammatik

1. Jag vill gärna arbeta ______ ett dagis.
2. Jag ska börja ______ gymnasiet.
3. Vad ska du göra ______ en vecka?
4. Jag går ______ skolan.
5. ______ somrarna har jag har jag sommarjobb.
6. Jag läser ______ universitetet.
7. Jag är färdig med mina studier ______ ett år.
8. Jag har arbetat här ______ tre år.

4 **Vervollständigen Sie die Sätze mit dem jeweils passenden Hilfsverb: *behöver, kan, ska, vill*.** A 3b: Grammatik

1. Jag ____________________ börja på gymnasiet nästa år.
2. ____________________ du förklara hur man gör?
3. Jag vet inte vad jag ____________________ göra när jag blir vuxen.
4. Vad ____________________ man kunna i det här yrket?
5. Jag ____________________ inte komma eftersom jag jag är sjuk.
6. Vad ____________________ vi prata om på mötet i morgon?
7. Vad ____________________ du ha i present?
8. Man ____________________ ha tålamod när man jobbar med barn.

5 **Ordnen Sie die Satzhälften einander zu. Schreiben Sie die vollständigen Sätze auf.** A 3a: Wendungen

a. inte särskilt bra | b. att få ett meningsfullt arbete | c. efter sommarlovet | d. jag har ingen aning om | e. jag skulle vilja ha | f. jag träffar mina kompisar | g. jag tjänar | h. mer kontakt med människor | i. min dröm är | k. minst varannan dag | l. ska jag börja på gymnasiet | m. vad jag ska bli

1. ____
2. ____
3. ____
4. ____
5. ____
6. ____

6 Schreiben Sie auf Schwedisch. A 3c: Wendungen

1. Jeden zweiten Tag arbeitet sie am Vormittag.

____

2. Wir treffen uns alle drei Wochen.

____

3. Jedes zweite Jahr feiern wir Weihnachten in Schweden.

____

4. Ich interessiere mich für Fussball alle vier Jahre.

____

7 Ergänzen Sie die Sätze mit der jeweils passenden Form von *känna* oder *känna till*. Denken Sie an die Wortfolge. B 2: Wortschatz

1. Jag ______________ Kalle. Vi brukar äta lunch tillsammans.
2. Jag har bott i Lund i tio år så jag ______________ Skåne ganska bra.
3. ______________ du Marianne Fredriksson? Ja jag har redan läst två romaner av henne.
4. ◗ ______________ du Kalles föräldrar?
   D Nej jag har aldrig träffat dem.
5. ______________ du någon bra restaurang i Stockholm?
6. ◗ ______________ du alla i kursen?
   D Nej bara några stycken.

8 In welchen Sätzen steht *att* vor dem Infinitiv? B 2: Grammatik

1. Jag tycker om _____ jobba med människor.
2. Jag har slutat _____ röka.
3. Försök _____ komma lite tidigare.
4. Jag har funderat på _____ byta jobb.
5. Vi måste _____ skynda oss. Det börjar snart _____ regna.
6. Arbetet består i _____ sälja och boka logi och biljetter.
7. Jag vill gärna _____ arbeta på er firma.
8. Jag är inte rädd för _____ jobba mycket.
9. Är det lätt _____ hålla ett löfte?
10. Jag tänker _____ gå på en kurs.

9 **Vervollständigen Sie die Sätze mit den Präpositionen *av, för, hos, i, på*.** B 2: Grammatik

1. Vi söker personal från början ______ juni till mitten ______ juli.
2. Arbetet består ______ att hitta trevliga aktiviteter.
3. Jag är bra ______ engelska och franska.
4. Jag vill gärna arbeta ______ er.
5. Jag är mycket intresserad _____ musik.
6. Min familj och mina vänner är viktiga ______ mig.
7. Jag hoppas ______ ett positivt svar.
8. Jag intresserar mig ______ svensk litteratur.

10 **Ordnen Sie zu, sodass sinnvolle Ausdrücke entstehen.** B: Wendungen

byta | gå | lära sig | lösa | passa | svara | söka | ta

1. ________________ nya uppgifter
2. ________________ studenten
3. ________________ nya saker
4. ________________ jobb
5. ________________ på gymnasiet
6. ________________ problem
7. ________________ på en annons
8. ________________ för ett jobb

11 **Bringen Sie die Wörter in die richtige Reihenfolge.** B 1 + 2: Wendungen

1. du / gått / har / har / fyllt / gymnasiet / och / på /tjugo / år

   ____

2. efter / engelska / England / ett / flytande / i / jag / talar / år

   ____

3. att / för / inte / jag / jobba / mycket / rädd / är

   ____

4. att / ha / jag / kontakt / kunder / med / om / tycker

   ____

5. berättar / gärna / kommer / jag / mer / mig / och / om / själv

   ____

12 **Schreiben Sie neben jeden Satz den jeweils passenden Begriff.** B: Wortschatz

a. flexibel | b. generös | c. glad | d. intelligent | e. noggrann | f. positiv | g. pratsam | h. självständig | i. tystlåten

Han eller hon är

1. Den här personen är bra på att tänka och analysera. ____________________
2. Den här personen har mycket att säga. ____________________
3. Den här personen säger inte så mycket. ____________________
4. Den här personen kan arbeta och tänka själv. ____________________
5. Den här personen tycker att många saker är roliga och att mycket som händer är roligt. ____________________
6. Den här personen är ordentlig, gör ett bra arbete och kollar alla detaljer. ____________________
7. Den här personen ger gärna bort något. ____________________
8. Den här personen kan göra olika saker och kan byta uppgifter. ____________________
9. Den här personen ser ljust på världen och på framtiden. ____________________

13 **Vervollständigen Sie den Text mit der jeweils passenden Form von *tycka* bzw. *tro*.** C 2: Wortschatz

Folk ute i stora världen vet inte alltid så mycket om Sverige. De (1.) ____________________ att alla svenskar är blonda. De (2.) ____________________ också att det går isbjörnar på gatorna. Svenskarna (3.) ____________________ naturligtvis att det är märkvärdigt att folk (4.) ____________________ det.

Men många människor vet en hel del om Sverige och de (5.) ____________________ att Sverige är ett intressant land. Det (6.) ____________________ svenskarna själva också.

14 **Ergänzen Sie mit *vilken, vilket, vilka*.** C 2: Grammatik

1. ____________________ bil ska vi ta, den stora eller den lilla?
2. Här finns det tre vandrarhem. ____________________ är bäst?
3. ____________________ regler har ni hemma?
4. ____________________ är de största förändringarna i skolan nu?
5. ____________________ kompisar träffar du på fritiden?
6. På ____________________ sätt var det bättre förr?

15 **Tragen Sie die Substative in der unbestimmten (*sommarlov*) bzw. in der bestimmten (*sommarlovet*) Form ein.** A, B, C: Grammatik

1. Efter ____________ ska jag börja på ____________.	sommarlov, gymnasium
2. Jag har jobbat på ett ____________ i två ____________ och där trivdes jag.	dagis, veckor
3. Vi är tjugo ____________ i ____________.	elever, klass
4. Är det kul med ____________?	skola
5. Jag träffar mina ____________ nästan varje ____________.	kompisar, dag
6. Jag har arbetat inom ____________ under flera ____________.	turistbransch, somrar
7. Jag är bra på att lära mig nya ____________.	saker
8. Sverige engagerar sig för att skydda ____________ och ____________.	natur, miljö

16 **Lesen Sie den Text. Wählen Sie das jeweils passende Wort und tragen Sie es ein.**
A, B, C: Wortschatz / Grammatik

Emelie syr kläder och har en liten ateljé. Men hennes framtidsdröm är att (1.) ____________ en egen butik. Hennes ateljé består av ett mysigt gammalt rum som är fullt med många saker. (2.) ____________ golvet ligger tidningar, på väggen hänger kläder och på ett bord (3.) ____________ tygrullar i olika färger. Här sitter Emelie och syr kläder av märket Nicki. Hon har alltid gillat att sy men hon har inte alltid haft tålamod till det. Hennes intresse (4.) ____________ på riktigt när hon besökte en textilkurs på gymnasiet (5.) ____________ hon gick på estetprogrammet. Där sydde hon kläder för fullt och hade en modevisning. Hennes kompisar gillade kläderna och ville gärna ha sådana. (6.) ____________ kompisarna kom bekanta och ville ha kläder och sedan kom det till och med folk som hon inte kände. Först sydde hon hemma men sedan hyrde hon det här rummet och då blev det hela mycket mer seriöst. Nu har hon skaffat en hemsida och trycker broschyrer som hon (7.) ____________ till sina vänner som (8.) ____________ kan visa för andra. Hon beskriver sina kläder som enkla och bekväma. Hennes plagg har två olika stilar, den ena är sportig och den andra är mer färgglad och romantisk med mycket mönster. Hon syr alla sorters kläder utom kavajer och kostymer. Det är för svårt. Hennes framtidsdröm är att öppna en egen butik. Hon tycker att det är roligt med små butiker där man kan (9.) ____________ något som ingen annan har. Och om det finns någonting som man väldigt gärna vill göra så ska man göra det, (10.) ____________________________ hon.

1. a. ____ sluta	b. ____ stänga	c. ____ öppna
2. a. ____ av	b. ____ i	c. ____ på
3. a. ____ ligger	b. ____ sitter	c. ____ står
4. a. ____ började	b. ____ slutade	c. ____ öppnade
5. a. ____ då	b. ____ där	c. ____ som
6. a. ____ efter	b. ____ innan	c. ____ medan
7. a. ____ gav	b. ____ ger	c. ____ gett
8. a. ____ de	b. ____ dem	c. ____ den
9. a. ____ betala	b. ____ köpa	c. ____ sälja
10. a. ____ tror	b. ____ tycker	c. ____ tänker

Repetition_3

Wortschatz und Grammatik

1 **Im Hotel: Lesen Sie den Dialog und vervollständigen Sie ihn mit den jeweils passenden Wörtern.**

◗ Hej. Vi är två personer. Har ni något ledigt rum?

D Ja det har vi. Hur (1.) ______________________ ska ni stanna?

◗ Vi ska stanna till på söndag, alltså i två nätter.

D Till på söndag? Jag ska se. Ja, det går bra.

◗ Vad kostar ett dubbelrum?

D Ett dubbelrum kostar 1690 kronor per natt i vanliga fall. På helgen är det (2.) ________________. Då betalar man bara 995 kronor. Rummen med utsikt mot havet är lite (3.) ________________.

◗ Är priset inklusive frukost?

D Ja det ingår en stor frukostbuffé i priset.

◗ Då tar vi ett vanligt rum.

D Det blir rum 221, på tredje våningen. Hissen är (4.) ______________________ borta bredvid trappan. Vi (5.) ____________________ frukosten mellan klockan sju och tio.

◗ Tack så mycket.

1. a. lång	b. långt	c. länge
2. a. billig	b. billiga	c. billigare
3. a. dyr	b. dyrare	c. dyrast
4. a. dit	b. där	c. därifrån
5. a. servera	b. serverade	c. serverar

2 **Lesen Sie die E-Mail und vervollständigen Sie sie mit den jeweils passenden Wörtern.**

E-Post | Adresser | Kalender | Anteckningar

Skicka | Spara som utkast | Avbryt

Ämne: Möte

Hej Sonja!

Vad synd att du var sjuk och inte (1.) ______________ komma till vårt möte (2.) ________________. Ämnet var den svenska litteraturen och Ulla berättade om nya böcker. (3.) ______________ hon började pratade vi först om våra kurser. Det var mycket intressant. Jag hoppas att du mår bättre nu och att du kan komma nästa gång. Vi träffas ju två gånger (4.) ______________ året så nästa möte blir i november. Då ska vi prata om sånger och musik. Jag hoppas att de flesta kan komma. (5.) ______________ mötet går vi ut och äter tillsammans. Det låter väl bra?

Många hälsningar

Annika

1. a. kan	b. kunna	c. kunde
2. a. i onsdags	b. på onsdag	c. på onsdagar
3. a. innan	b. medan	c. när
4. a. i	b. om	c. på
5. a. efter	b. från	c. medan

Situationen

3 Kombinieren Sie die Ausdrücke miteinander, sodass Minidialoge entstehen.

1. Kan jag betala med euro? ____
2. Tack för hjälpen! ____
3. Vad tycker du om det? ____
4. Hur mår du? ____
5. Vad sysslar han med? ____
6. Passar det på lördag? ____
7. Vem ska göra det? ____
8. Vad ska vi göra med räkningen? ____
9. Vad gör du nästa år? ____
10. Har du tid att hjälpa mig? ____

a. Det får du bestämma.
b. Jag har ont i huvudet.
c. Det går bra.
d. Jag ska söka ett nytt jobb.
e. Det gör jag gärna.
f. Han jobbar på kontor.
g. Det spelar ingen roll.
h. Det var så lite.
i. Det passar bra.
k. Det är en bra idé.

Wichtige Ausdrücke

4 Vervollständigen Sie die Sätze mit passenden Wörtern oder Ausdrücken.

1. Jag söker ett bra hotell ____________________ ligger i centrum.
2. Tack för hjälpen. Det var ____________________ .
3. Jag är trött och har ____________________ i halsen.
4. Om du är sjuk kan du få ____________________ hos en läkare.
5. Helena läser historia och ____________________ bli lärare.
6. ____________________ ska vi träffas?
7. Jag ____________________ vara lugn och vänlig även om jag är trött.
8. Hur ____________________ man om man vill köpa en bok på nätet?
9. Efter sommarlovet ska jag ____________________ på gymnasiet.
10. Jag skulle ____________________ ha mer kontakt med människor.

Leseverstehen

5 **Lesen Sie das Bewerbungsschreiben und kreuzen Sie an, ob die Aussagen 1 - 5 richtig oder falsch sind.**

Hotell Finn
Lilla vägen 2
23456 Sjövik

Stockholm, 2006-08-04

Ansökan till tjänsten i receptionen på Hotell Finn

Jag heter Karolin Lindgren, är 24 år gammal och söker tjänsten hos er i receptionen. Just nu läser jag engelska och franska i Stockholm. Nästa termin tänker jag börja läsa italienska. Eftersom jag har bott utomlands i flera år och talar flera språk och tycker om att ha kontakt med människor vill jag gärna arbeta på ett hotell.
Efter studenten våren 2001 flyttade jag till Lübeck och jobbade på MacDonalds i Lübeck för att lära mig tyska. Våren 2003 åkte jag till Cambridge och gick på en språkskola och tog ett certifikat efter ett halvt år. Sedan fick jag plats på ett svenskt kontor i London som importerade svenskt glas. Där skötte jag korrespondensen.
Jag har arbetat i matsalen på turisthotellet i Abisko under flera somrar. Dit kom det gäster från många olika länder.
Jag ser fram mot ert svar.

Många hälsningar

Karolin Lindgren

	rätt	fel
1. Karolin har bott i Tyskland i tre år.	___	___
2. Innan hon började arbeta på ett kontor i London tog hon ett certifikat i engelska	___	___
3. Hon har lagat mat på ett turisthotell.	___	___
4. Hon har erfarenhet av kontorsarbete.	___	___
5. Hon talar engelska, tyska, franska och italienska.	___	___

Grammatik

Inhalt

Das Substantiv

Übersicht über die Formen des Substantivs

Dekli-nation	Singular unbestimmt	Singular bestimmt	Plural unbestimmt	Plural bestimmt
1	en blomma	blomma**n**	blomm***or***	blomm***or*na**
2	en kopp en pojke en syster	kopp**en** pojk**en** syster**n**	kopp***ar*** pojk***ar*** systr***ar***	kopp***ar*na** pojk***ar*na** systr***ar*na**
3	en tomat en sko en hand en fot ett kafé	tomat**en** sko**n** hand**en** fot**en** kafé**et**	tomat***er*** sko***r*** händ***er*** fött***er*** kafé***er***	tomat***er*na** sko***r*na** händ***er*na** fött***er*na** kafé***er*na**
4	ett äpple ett knä	äpple**t** knä**et** / knä**t**	äpple***n*** knä***n***	äpple***n*a** knä***n*a**
5	ett glas en lärare	glas**et** lärare**n**	glas lärare	glas**en** lärar**na**
Unregel-mäßig	en man ett öga ett öra	mann**en** öga**t** öra**t**	män ögon öron	männ**en** ögon**en** öron**en**

Das Geschlecht Lektion 1

Schwedische Substantive haben zwei Geschlechter, *Utrum* (oder en-Wörter) und *Neutrum* (oder ett-Wörter). Das Geschlecht erkennt man an den Artikeln im Singular, die auf **-n** (Utrum) oder auf **-t** (Neutrum) enden. Diese Endungen wiederholen sich bei Adjektiven und Pronomen. Etwa 80 % aller Substantive sind Utrum oder en-Wörter.
Die meisten Substantive, die Personen, Berufe und Tiere bezeichnen, sind en-Wörter. Ausnahmen sind *ett barn* und *ett djur*.

Der unbestimmte Artikel Lektion 1

en-Wörter	ett-Wörter
en vän **en** färja	**ett** hus **ett** frimärke

In Fragen verwendet man oft *någon* in der Funktion des unbestimmten Artikels. Lektion 4

*Finns det **någon** fiskaffär här?*
*Finns det **något** kafé här?*

Der bestimmte Artikel Lektion 2

Der bestimmte Artikel wird mithilfe von Endungen gebildet.

Singular

en-Wörter		ett-Wörter	
bil + **en**	bilen	tåg + **et**	tåget
flicka + **n**	flickan	äpple + **t**	äpplet
cykel + **n**	cykeln	exempel + **et**	exem**pl**et
vän + **en**	vä**nn**en	teveprogram + **et**	teveprogra**mm**et

Die Endungen sind im Singular
-en oder **-et**, wenn das Substantiv auf einen Konsonaten endet,
-n, wenn ein en-Wort auf einen Vokal oder auf einen unbetonten Vokal + *l* oder *r* endet,
-t, wenn ein ett-Wort auf einen unbetonten Vokal endet.

Wenn ein ett-Wort auf unbetontes *-el*, *-en*, *-er* endet, fällt das *e* des Stammes weg (exem**pl**et).
Wörter auf *-eum* und *-ium* verlieren in der bestimmten Form die Endung *-um* (mus**eet**).

Die Konsonanten *m* und *n* werden am Ende eines Substantivs häufig einfach geschrieben, auch wenn sie lang sind. Wenn *m* oder *n* zwischen zwei Vokalen steht, wird es doppelt geschrieben.

Plural Lektionen 3, 4, 5

(en blomma)	(en tidning)	(en affär, ett kafé)		(ett frimärke)	(ett vykort, en lärare)	
blomm**or**	tidning**ar**	affär**er**	kaf**éer**	frimärk**en**	vykort	lärare
blomm**orna**	tidning**arna**	affär**erna**	kafé**erna**	frimärk**ena**	vykort**en**	lärar**na**

Die Endungen sind im Plural
-na bei allen en-Wörtern,
-a bei ett-Wörtern, die die Pluralendung *-n* haben,
-en bei ett-Wörtern, die keine Pluralendung haben.

Wenn ein Wort auf unbetontes *-el*, *-en*, *-er* endet, fällt das *e* des Stammes vor der Pluralendung weg (exem**pl**en).

Der Gebrauch der Artikel

Den unbestimmten Artikel verwendet man, wenn das, was das Substantiv bezeichnet, zum ersten Mal erwähnt wird.

Jag bor i en trerumslägenhet på Klostergatan.

Den bestimmten Artikel verwendet man, wenn das, was das Substantiv bezeichnet, bekannt ist oder schon erwähnt wurde.

Vädret är bra.
Lägenheten är helt modern.

Substantive werden in folgenden Fällen ohne Artikel gebraucht: Lektion 14

Christian är lärare.	Bei Berufsbezeichnunger, aber: Christian är en bra lärare.
Han är norrman.	Bei Nationlitätsbezeichnungen
Kör du bil?	Bei Angabe von Verkehrsmitteln
De ska köpa hus. / Vi ska fira jul i Värmland.	Feste Ausdrücke
Det är pojkarnas mamma.	Nach Genitiv

Der Plural Lektionen 3, 9, 12

Deklination	Endung		Beispiele
1.	-or	En-Wörter auf *-a*, das vor der Pluralendung wegfällt.	flicka, skola, fralla
2.	-ar	Viele einsilbige en-Wörter.	buss, stol
		Viele mehrsilbige Wörter auf unbetontem *-e, -el, -er,* deren *e* vor der Pluralendung wegfällt. Oft Betonung auf der ersten Silbe.	pojke, cykel, syster
3.	-er, -r	Oft en-Wörter.	park, bild
		Darunter mehrsilbige Wörter, die oft nicht auf der ersten Silbe betont sind.	tomat, balkong
		Viele Wörter mit Umlaut im Plural.	tand / tänder, land / länder, natt / nätter, stad / städer, strand / stränder, son /söner, bok /böcker
		Internationale Wörter.	kafé / kaféer
		Mehrsilbige ett-Wörter auf *-eum* und *-ium*	museum / museer
4.	-n	Ett-Wörter auf Vokal.	äpple, yrke
5.	--	Ett-Wörter auf Konsonant.	bord, ägg, hus
		En-Wörter auf *-are*	lärare
			Außerdem: man / män.

Einige Substantive sind nicht zählbar und werden ohne unbestimmten Artikel und nicht im Plural verwendet. Bestimmungen wie *lite, mycket* können davor stehen. Lektion 5

Vi måste köpa mjölk.
Kan jag få lite mjölk?
Vi äter mycket potatis.

Einige Substantive können sowohl nicht zählbar als auch zählbar sein wie *potatis* oder *lök.* Nicht zählbar bezeichnen sie das Material oder den Stoff.

Jag köpte ett kilo potatis. (aber: *Jag köpte ett kilo äpplen.*)
Jag tycker om lök. (aber: *Jag tycker om tomater.*)

Wenn es um einzelne Exemplare geht, sind sie zählbar.

Ge mig en potatis till.
Jag har planterat tre lökar.

Einige Substantive kommen nur im Plural vor: Lektion 9
pengar / glasögon / kläder / jeans / shorts

Der Genitiv Lektion 9

*Maria**s** föräldrar kommer från Italien.*
*Grönt är naturen**s** färg.*

Das Adjektiv

Übersicht über die Formen des Adjektivs Lektion 4

Singular en-Wörter	Singular ett-Wörter		Plural + Bestimmte Form	
stor	stor + **t**	stor**t**	stor + **a**	stor**a**
mönstrad	mönstrad + **t**	mönstra**t**	mönstrad + **e**	mönstrad**e**

Adjektive auf *-ad* werden dekiniert wie *mönstrad*. (Beachten Sie: Die Endung *-dt* existiert im Schwedischen nicht.)

Unregelmäßige Adjektive Lektionen 4, 9

Adjektive, die auf Konsonant + *t* enden, bleiben bei en- und ett-Wörtern gleich.

intressant	intressan**t**	intressanta

Einige Adjektive haben nur eine Form.

bra	bra	bra
rosa	rosa	rosa

Adjektive auf langen, betonten Vokal bekommen in der ett-Form Kurzvokal + **tt**.

blå	blå**tt**	blåa
ny	ny**tt**	nya

Einsilbige Adjektive auf langen Vokal + *t* bekommen in der ett-Forn Kurzvokal + **tt**.

vit	vi**tt**	vita

Adjektive auf langen Vokal + *d* bekommen in der ett-Form Kurzvokal + **tt**.

röd	rö**tt**	röda
god	go**tt**	goda

Adjektive auf unbetones *-el* und *-er* verlieren vor der Pluralendung das *-e-*.

enk**el** vack**er**	enkelt vackert	enkla vackra

Die Adjektive *gammal* und *liten* haben besondere Formen.

gamma**l**	gammalt	gam**la**

lite**n**	lit**et**	**små** (Plural)	**lilla** (bestimmte Form Sing.)

Die unbestimmte Form Lektion 4

In der unbestimmten Form richtet sich das Adjektiv in Geschlecht und Zahl nach dem dazugehörigen Substantiv.

Singular		Plural	
En-Wörter	En stor stad. Staden är stor.	**En-Wörter**	Stor**a** städer. Städerna är stor**a**.
Ett-Wörter	Ett stor**t** samhälle. Samhället är stor**t**.	**Ett-Wörter**	Stor**a** samhällen. Samhällena är stor**a**.

Avenyn är en fin gata med stora och små affärer, mysiga kaféer och bra restauranger med god mat.
Göteborg har ett stort utbud av kultur.
Gott Nytt År!

Beachten Sie:
Nach dem Verb *vara* wird das Adjektiv dekliniert. Lektion 7
Cykeln är gul. Det är billigt att flyga ibland. Städerna är stora.

Die bestimmte Form Lektion 9

In der bestimmten Form steht das Adjektiv u.a. nach *den, det, de* und *den här, det här, de här*.

Singular		Plural	
En-Wörter	**den** randig**a** blus**en** **den** mönstrad**e** blus**en** **den** gaml**a** kapp**an** **den lilla** krag**en**	**En-Wörter**	**de** svart**a** byx**orna** **de** mönstrade blus**arna** **de** gaml**a** kapp**orna** **de små** sko**rna**
Ett-Wörter	**det** gul**a** skärp**et** **det** mönstrade tyg**et** **det** gaml**a** hus**et** **det lilla** bord**et**	**Ett-Wörter**	**de** gul**a** skärp**en** **de** mönstade tyg**en** **de** gaml**a** hus**en** **de små** barn**en**

Får jag prova den blåa kappan?
Det här gula skärpet passar bra till.
Har du sett de bruna skorna i fönstret?

Die Komparation (Steigerung) der Adjektive Lektion 11

Regelmäßige Steigerung

Die meisten Adjektive werden mit den Endungen -**are** und -**ast** gesteigert.
Adjektive auf *-el, -en, -er* verlieren das *-e-* vor den Endungen.

Grundform	Komparativ	Superlativ	Superlativ Bestimmte Form
billig	billig**are**	billig**ast**	den, det, de billigast**e**
vacker	vackr**are**	vackr**ast**	den, det, de vackrast**e**

Besondere Formen

Einige gebräuchliche Adjektive haben Steigerungsformen auf -**re** und -**st**, oft mit Umlaut.

stor	stör**re**	stör**st**	den, det, de störst**a**
ung	yng**re**	yng**st**	den, det, de yngst**a**
tung	tyng**re**	tyng**st**	den, det, de tyngst**a**
låg	läg**re**	läg**st**	den, det, de lägst**a**
lång	läng**re**	läng**st**	den, det, de längst**a**
liten	mind**re**	min**st**	den, det, de minst**a**
hög	hög**re**	hög**st**	den, det, de högst**a**
bra	bätt**re**	bä**st**	den, det, de bäst**a**
dålig	säm**re**	säm**st**	den, det, de sämst**a**
gammal	äld**re**	äld**st**	den, det, de äldst**a**
liten	mind**re**	min**st**	den, det, de minst**a**
många	fler/flera	fle**st**	den, det, de flest**a**
mycket	mer/mera	mest	det mesta

Steigerung mit *mer, mest*

Adjektive mit bestimmten Endungen wie *-isk, -ad* und *-ande* werden mit ***mer*** und ***mest*** gesteigert.

typisk	**mer** typisk	**mest** typisk	den, det, de mest typisk**a**
spännande	**mer** spännande	**mest** spännande	den, det, de mest spännande
intresserad	**mer** intresserad	**mest** intresserad	den, det, de mest intresserad**e**

City Hotell är billigare än Grand Hotell men Grand Hotell är större och modernare.
Liza Marklunds deckare är ännu mer spännande.
Mammas köttbullar är mycket godare.
Äldst i släkten är morbror Anders och yngst är Hugo.
Den billigaste och snabbaste maten får du på ett gatukök.
Det största hotellet är Plaza.
Det bästa jag vet är att dricka en kopp te på morgonen.

Das Adverb

Adverbien dienen dazu, ein Verb, ein Adjektiv, ein anderes Adverb oder einen ganzen Satz näher zu bestimmen.

Die Formen Lektion 7

Adjektiv + -*t*	Eigene Form
långsam**t** vacker**t**	fort verkligen mycket alltid

Tala långsamt!
Stockholm ligger vackert.

Tala inte så fort!
Filmen är verkligen bra.
Tiden har gått mycket fort.
Jag har alltid semester i augusti.

Beachten Sie:
Die Form des Adverbs entspricht dem Neutrum Singular des Adjektivs.

Huset ligger vackert.

Ett vackert hus. / Huset är vackert.

Die Bedeutung

Frageadverbien Lektionen 1, 2, 6, 7
var wo, *när* wann, *varför* warum,
vart wohin, *varifrån* woher, *hur* wie

Var bor du?
När kommer du?
Varför det?
Hur långt är det?
Hur många ska du ha?

Adverbien des Ortes Lektionen 7, 10
här hier, *där* dort, *hemma* zu Hause

Här bor jag.
Jag ska vara hemma i kväll.

Adverbien der Richtung Lektionen 7, 10
hit hierher, *härifrån* von hier, *dit* dorthin,
därifrån von dort, *hem* nach Hause, *hemifrån* von zu Hause

Jag åker hemifrån klockan åtta.
Jag kom hit i går.

Adverbien der Zeit Lektion 7
nu jetzt, *alltid* immer, *i morse* heute früh, *snart* bald

Jag åker alltid bil till Sverige.
Det var kallt i morse.

Adverbien des Grades Lektionen 4, 6
mycket sehr, *ganska* ziemlich

Skorna är mycket dyra.

Verneinung Lektion 1
inte nicht

Jag gillar kaffe men inte mjölk.

Zustimmung nach Verneinung drückt man aus mit *inte … heller*. Lektion 6

◗ *Jag tycker inte att vädret är bra.*
◗ *Det tycker inte jag heller.*

Die Steigerung der Adverbien entspricht der Steigerung der Adjektive.

Die Pronomen

Personalpronomen Lektionen 1, 2, 3, 5

	Die Subjektform	Die Objektform	Die reflexive Form
Singular			
1. Person	jag	mig	mig
2. Person	du	dig	dig
3. Person	han	honom	sig
	hon	henne	sig
	den	den	sig
	det	det	sig
Plural			
1. Person	vi	oss	oss
2. Person	ni	er	er
3. Person	de	dem	sig

Die Subjektform
Die Anrede
Die Anrede ist **du**. **Du** bedeutet also *du* und *Sie*. Die alte Höflichkeitsform **ni** (*ihr, Sie*) wird praktisch nicht mehr verwendet.

Formen der dritten Person im Singular Lektion 3

Vad äter Oskar? — ***Han** äter en skinksmörgås.*
Och Stina? — ***Hon** äter en ostfralla.*
Vad kostar smörgåsen? — ***Den** kostar 30 kr.*
Vad kostar kaffet? — ***Det** kostar 15 kr.*

Die Objektform Lektion 5

*Vänta på **mig**!*
*Jag ska köpa en flaska parfym till **henne**.*
*Är filmen bra? Jag har inte sett **den**.*
*Kul att träffa **er**.*

Die reflexive Form Lektion 10

Die Reflexivpronomen stehen nach reflexiven Verben.

*Jag måste skynda **mig**.*
*Hon går och lägger **sig** klockan elva.*
*Vi sätter **oss** här en stund.*
*De gifter **sig** i kyrkan.*

Possessivpronomen Lektion 7

	en-Wörter	ett-Wörter	Plural	Reflexive Possessivpronomen		
jag	min bror	mitt hus	mina barn	min	mitt	mina
du	din bror	ditt hus	dina barn	din	ditt	dina
han	hans bror	hans hus	hans barn	sin	sitt	sina
hon	hennes bror	hennes hus	hennes barn	sin	sitt	sina
vi	vår bror	vårt hus	våra barn	vår	vårt	våra
ni	er bror	ert hus	era barn	er	ert	era
de	deras bror	deras bror	deras barn	sin	sitt	sina

Die Possessivpronomen werden wie die Adjektive dekliniert und richten sich nach dem dazugehörigen Substantiv.

Det är min bror.
Jag träffade er syster i går.
Mitt hus är gult.
Det gula huset är mitt.

Die reflexiven Possessivpronomen Lektion 13

In der dritten Person gibt es zwei unterschiedliche Formen der Possessivpronomen: *hans, hennes, deras* und die reflexiven Possessivpronomen *sin, sitt, sina*.
Sin, sitt, sina verwendet man nur
- zusammen mit dem Objekt eines Satzes
- und wenn das Subjekt im selben Satz Besitzer ist.

In allen anderen Fällen verwendet man *hans, hennes, deras*.

Beachten Sie: *sin, sitt, sina* verwendet man nie, um das Subjekt zu bestimmen!

Subjekt	Subjekt
Olle *glömde* ***hans*** *födelsedag.* (Kalles) Olle hat seinen Geburtstag vergessen. (den von Kalle)	*Olle* *glömde* ***sin*** *födelsedag.* (Olles) Olle hat seinen (eigenen) Geburtstag vergessen.
Karin *målade* ***deras*** *hus.* (föräldrarnas) Karin hat ihr Haus gestrichen. (das der Eltern)	*Karin* *målade* ***sitt*** *hus.* (Karins) Karin hat ihr (eigenes) Haus gestrichen.
Deras *hus* *är vitt.* (föräldrarnas) Ihr Haus ist weiß. (das der Eltern)	***Hennes*** *hus* *är rött.* (Karins) Ihr Haus ist rot. (das von Karin)

Demonstrativpronomen Lektion 9

En-Wörter ***Den här*** *tröjan har jag fått i present.*
Ett-Wörter ***Det här*** skärpet vill jag gärna byta.
Plural ***De här*** *handdukarna köpte jag igår.*

Relativpronomen Lektionen 9, 11

Das Relativpronomen *som* ist unveränderlich und bezieht sich sowohl auf Personen als auf Sachen. *Som* kann Subjekt oder Objekt im Satz sein.

Jag har en kusin ***som*** *är polis.*
Får jag prova de blåa byxorna ***som*** *hänger i fönstret?*
Peter är en bra lärare ***som*** *alla gillar.*
Får jag byta byxorna ***som*** *jag köpte igår?*
Det är jag ***som*** *bor där borta.*

Där ist ein Relativadverb.

Jag söker ett kafé ***där*** *jag kan äta frukost.* Lektion 11

Indefinitpronomen Lektionen 4, 15

Här får ***man*** *inte parkera.*
Båten går ***varannan*** *timme.*
Känner ni ***varandra****?*
Vi dricker kaffe ***varje*** *dag.*
Vi träffas var ***tredje*** *vecka.*

En-Wörter	Ett-Wörter	Plural
någon	något	några
ingen	inget	inga
annan	annat	andra
sådan	sådant	sådana

Finns det ***någon*** *fotoaffär i närheten?*
Jag ska stanna här i ***några*** *dagar.*
Jag har ***inget*** *att läsa.*
De här handdukarna är inte bra. Jag tar ***andra*** *handdukar i stället.*
En ***sådan*** *hund vill jag också ha.*

Inte någon und *ingen* Lektionen 5, 8

Als Objekt kann *ingen* nur in Hauptsätzen mit einfacher Zeit stehen. *Inte någon* kann in allen Positionen stehen.

Inte någon** / **ingen (niemand) *har sett mig.*
*Jag har **inte någon** / **ingen*** (keine) *tvättmaskin.*
*Vi har **inte något** / **inget** kaffe.*
*Vi har **inte några** / **inga** regnkläder.*

*Jag vet att du **inte** har **någon*** (keine) *tvättmaskin.*
*Jag vill **inte** ha **något** kaffe.*
*Vi har **inte** köpt **några** regnkläder.*

Interrogativpronomen Lektionen 1, 2

***Vem** är det?*
***Vad** heter du?*
***Vad** har du **för** telefonnummer?*
***Vilken** blus / **vilket** skärp / **vilka** skor ska jag ta?*

Die Zahlen

Die Grundzahlen Lektionen 1, 3

0	noll	16	sexton	101	(ett)hundraen, -ett
1	en, ett	17	sjutton	200	tvåhundra
2	två	18	arton	1000	(ett)tusen
3	tre	19	nitton	1001	etttusenen, -ett
4	fyra	20	tjugo	2000	tvåtusen
5	fem	21	tjugoen, -ett	1 000 000	en miljon
6	sex	22	tjugotvå	2 000 000	två miljoner
7	sju	30	trettio	1 000 000 000	en miljard
8	åtta	40	fyrtio	2 000 000 000	två miljarder
9	nio	50	femtio		
10	tio	60	sextio		
11	elva	70	sjuttio		
12	tolv	80	åttio		
13	tretton	90	nittio		
14	fjorton	100	(ett)hundra		
15	femton				

Besonderheiten der Aussprache
nio [ˋniːə], tio [ˋtiːə], tjugo [çʉːgə], tjugoen [çʉˈɛnː], trettio [ˈtrɛtːɪ, ˋtrɛtːɪ], fyrtio [ˈfœʈːɪ, ˋfœʈːɪ]

en etta eine Einzimmerwohnung
en tvåa eine Zweizimmerwohnung

Bei den Zahlen zwischen 1100 und 1999 sagt man
1100 *elvahundra* oder *ettusenetthundra*.

Bei Jahreszahlen sagt man aber
1896 *artonhundranittiosex,* 1942 *nittonhundrafyrtiotvå,* 2006 *tjugohundrasex.*

Vi lever på tjugohundratalet. Wir leben im 21. Jahrhundert

hundratals öar Hunderte von Inseln
tusentals öar Tausende von Inseln

Die Ordnungszahlen Lektion 13

(1.)	första	(11.)	elfte	(21.)	tjugoförsta
(2.)	andra	(12.)	tolfte	(22.)	tjugoandra
(3.)	tredje	(13.)	trettonde	(30.)	trettionde
(4.)	fjärde	(14.)	fjortonde	(31.)	trettioförsta
(5.)	femte	(15.)	femtonde	(100.)	hundrade
(6.)	sjätte	(16.)	sextonde	(1000.)	tusende
(7.)	sjunde	(17.)	sjuttonde		
(8.)	åttonde	(18.)	artonde		
(9.)	nionde	(19.)	nittonde		
(10.)	tionde	(20.)	tjugonde		

Stockholm ***den tjugoförsta april*** *2006.* Stockholm, den einundzwanzigsten April 2006.
Julia är född ***den 8 februari*** *1990.* Julia ist am 8. Februar 1990 geboren.

Vi bor på ***tredje våningen.*** Wir wohnen im zweiten Stock.

Das Verb

Die Formen

Die Verben haben in allen Personen die gleiche Form:
Jag / du / han / hon / vi / ni / de *läser / läste / har läst.*

Gruppe oder Konjugation	Stamm / Imperativ	Infinitiv	Präsens	Präteritum	Supinum
1	bada	bada	bada**r**	bada**de**	bada**t**
2 a **b** **c**	ring läs kör	ringa läsa köra	ring**er** läs**er** kör	ring**de** läs**te** kör**de**	ring**t** läs**t** kör**t**
3	bo	bo	bo**r**	bo**dde**	bo**tt**
4 **Unregelmäßige Verben**	drick var ät gå gör	dricka vara äta gå göra	drick**er** **är** ät**er** gå**r** gör	dr**a**ck var **å**t **gick** gjor**de**	dr**u**ck**it** var**it** **ä**t**it** gå**tt** gjor**t**

Konjugationen
In den ersten drei Konjugationen sind die Verben regelmäßig oder schwach, das heißt, sie bilden das Präteritum (Vergangenheit) mit einer Endung.
1. Der Stamm endet auf **-a**, jede Verbform enthält ein *a*. Die Präteritumendung ist **-de**.
2a. Wenn der Stamm auf einen stimmhaften Konsonanten endet, ist die Präteritumendung **-de**.
2b. Wenn der Stamm auf einen stimmlosen Konsonanten (*f, k, p, s, t*) endet, ist die Präteritumendung **-te**.
2c. Wenn der Stamm auf *r* oder *l* endet, fehlt die Präsensendung **-er**.
3. In diese Gruppe gehören Verben, deren Stamm auf langen Vokal endet. Die Präteritumendung ist **-dde.**
Der Stammvokal wird im Präteritum kurz: *b**o*** – *bo**dd**e*.
4. Die Verben der vierten Gruppe sind unregelmäßig. Einige Verben bilden das Präteritum mit Wechsel des Stammvokals: *dr**i**cka* / *dr**a**ck*, *f**i**nnas* / *det f**a**nns*, ***ä**ta* / ***å**t*, *g**å*** / *g**i**ck*. Für jedes Verb müssen die Formen gelernt werden. Wichtige Verben sind auf Seite 130 aufgelistet.
Die Präsensendung ist **-er**. Verben, deren Stamm auf langen Vokal endet, haben die Präsensendung **-r**.

Imperativ (= Stamm des Verbs) Lektion 4
Der Imperativ ist die Befehlsform:

***Titta** här!* / ***Stäng av** motorn!* / ***Gå** på andra sidan!*

Der Imperativ klingt meistens sehr befehlend. Für den deutschen Begriff *bitte!* gibt es keine direkte Entsprechung. Stattdessen gibt es mehrere andere Möglichkeiten, eine Bitte oder Aufforderung freundlich klingen zu lassen. Dazu siehe Seite 47 im Lehrbuch.

Infinitiv Lektionen 2, 15
*Jag börjar **jobba** i morgon.*
*Jag är bra på **att stryka**.*

Verben auf -*s* Lektionen 4, 6
Einige schwedische Verben haben immer die Endung **-s** (statt **-r** oder **-er** im Präsens):

hoppas / jag hoppas / jag hoppades / jag har hoppats	= hoffen
trivas / jag trivs / jag trivdes / jag har trivts	= sich wohl fühlen
finnas / det finns / det fanns / det har funnits	= es gibt

Durch die s-Form der Verben kann Gegenseitigkeit ausgedrückt werden:

vi ses	= wir sehen uns	*vi ser*	= wir sehen
vi hörs	= wir hören von einander	*vi hör*	= wir hören
vi träffas	= wir treffen uns	*vi träffar*	= wir treffen

Tempus

Präsens Lektionen 1, 2
Es bezeichnet Gegenwart und Gewohnheit.

*Jag **bor** i Lund nu.*
*Jag **äter** alltid frukost klockan åtta.*

Perfekt Lektion 8

Es wird mit dem Präsens vom Verb *ha* + *supinum* gebildet und bezeichnet eine unbestimmte Zeit (keine Zeitangabe), ein Geschehen der Vergangenheit, das aber in der Gegenwart andauert oder relevant ist.

*Hur **har** vädret **varit**?*	Wie ist das Wetter gewesen?
*Jag **har bott** här i tre år.*	Ich wohne seit drei Jahren hier.

Präteritum Lektionen 6, 8

Es bezeichnet ein abgeschlossenes Geschehen der Vergangenheit. Im Präteritum wird über Ereignisse und Verhältnisse in der Vergangenheit berichtet.
Bei Zeitangaben der Vergangenheit steht im allgemeinen das Präteritum.

*Vi **kom** igår.*	Wir sind gestern angekommen.
*Vi **var** här för tre år sedan.*	Wir waren vor drei Jahren hier.
*När min far var här **målade** vi huset.*	Als mein Vater hier war, haben wir das Haus gestrichen.
*När **slutade** det regna?*	Wann hat es aufgehört zu regnen?

Das Präteritum steht auch in spontanen Äußerungen, die ein Werturteil bedeuten. Im Deutschen steht hier das Präsens.

*Det **var** synd.*	Es ist schade.
*Det **var** tråkigt att höra.*	Es tut mir leid es zu hören.

Zukunft Lektionen 2, 15

Präsens	*Jag **kommer** i morgon.*
ska + Infinitiv (deutet an, dass eine Absicht vorhanden ist)	***Ska** vi gå på bio i morgon?*
tänka + Infinitiv (die Absicht ist deutlich)	*Jag **tänker** börja läsa engelska i höst.*

Temporale und modale Hilfsverben Lektionen 3, 5, 6, 15

ha, har, hade, haft	*Jag **har** målat huset.*
____, ska, skulle, skolat	*Vad **ska** vi dricka?*
kunna, kan, kunde, kunnat	***Kan** du simma?*
____, måste, måste, måst	*Vi **måste** köpa vykort.*
vilja, vill, ville, velat	*Jag **vill** ha en kopp kaffe.*
få, får, fick, fått	***Får** man röka här?*
behöva, behöver, behövde, behövt	*I det här yrket **behöver** man kunna språk.*
bruka, brukar, brukade, brukat	*Anna **brukar** gå upp klockan sju.*

Zwei Verben in einem Satz Lektionen 2, 8

Wenn zwei Verben in einem Satz stehen, steht (außer nach *har* und *hade)* das zweite Verb in der Infinitivform ohne oder mit *att*. Nach den Hilfsverben folgt nie *att*.

*Vi **måste gå** nu.*	*Jag **gillar att köra** bil.*
*Jag **tänker jobba** i England.*	*Jag **tycker om att** dansa.*
*Jag **har läst** brevet.*	

Kurzantworten Lektion 2

In einer Kurzantwort nach einem Hilfsverb wird das Hilfsverb wiederholt.

◗ *Kan du simma?*
D *Ja det **kan** jag. / Nej det **kan** jag inte.*

◗ *Ska vi äta nu?*
D *Ja det **ska** vi. / Nej det **ska** vi inte.*

◗ *Har du läst brevet.*
D *Ja det **har** jag. / Nej det **har** jag inte.*

◗ *Är du svensk?*
D *Ja det **är** jag. / Nej det **är** jag inte.*

In einer Kurzantwort nach einem Vollverb, wird das Verb mit Formen von göra ersetzt.

◗ *Talar du svenska?*
D *Ja det **gör** jag. / Nej det **gör** jag inte.*

◗ *Åt du middag här i går?*
D *Ja det **gjorde** jag. / Nej det **gjorde** jag inte.*

Reflexive Verben Lektion 10

Bei den reflexiven Verben ist dieselbe Person Subjekt und Objekt.

*Stig **rakade sig** framför spegeln.*
*Jag ska **skynda mig** så fort jag kan.*

Verben mit Partikel Lektionen 6, 11, 14

Wenn Verben mit einer Partikel eine Verbindung bilden, trägt die Partikel den Ton.
tycka om = mögen, *koppla av* = abschalten, *skriva upp* = aufschreiben

*Jag **tycker om** att köra bil.*
*Jag **tycker** inte **om** glass.*
***Tycker** du **om** att dansa?*

Intransitive / transitive Verben

Intransitive Verben (ohne Objekt)

*Jag **vaknar** alltid tidigt.*
*Soffan **står** i vardagsrummet.*
*När vädret är fint **sitter** jag i trädgården och fikar.*
*Mattan **ligger** under bordet.*
*Kjolen **hänger** i garderoben.*

Transitive Verben (mit Objekt)

*Först **väcker** jag hela familjen.*
*Du kan **ställa** cyklarna bakom huset.*
*Kan jag **sätta** mig här?*
*Var kan jag **lägga** mobilen?*
*Du kan **hänga** blusen där också.*

Präpositionen

Zeit Lektionen 3, 6, 10, 13

efter	***Efter** kursen fikar vi.*	nach
från … till	*Banken har öppet **från** klockan tio **till** klockan fem.*	von … bis
för … sedan	*Jag läste i Umeå **för** två år **sedan**.*	vor
före	*Stiger du upp **före** klockan sju?*	vor
i	***i** morse*	heute früh
	***i** fredags*	letzten Freitag
	***i** morgon*	morgen
	*Vi ska stanna **i** två veckor.*	(Zeitdauer)
om	*Jag kommer **om** tio minuter.*	nach Ablauf von
mellan	*Jag äter lunch **mellan** klockan ett och två.*	zwischen
på	***På** onsdag har jag falukorv med potatissallad.*	am (kommenden) Mittwoch
	*Jag läser tidningen **på** morgonen.*	am Morgen
till	*Jag har lunchrast **till** klockan två.*	bis

Frequenz Lektion 12

i	*Jag joggar en gång **i** veckan.*	in der Woche
om	*Vi fikar två gånger **om** dagen.*	am Tag

Mittel, Material Lektion 11

av	*Väskan är **av** läder.*	aus, von
för	*Det blir 25 kronor **för** korten.*	für
i	*Jag har fått den här skjortan **i** present.*	als
med	*Köttbullar **med** lingon.*	mit
på	*Vad heter det **på** svenska?*	auf

Ursache, Zweck Lektion 11

av	*25 % **av** männen städar.*	von
	*Jag läser en bok **av** Jan Guillou.*	
om	*Det är en bok **om** historia.*	über
på	*Daniel bjuder gästerna **på** ett glas vin.*	zu
till	*Var kan man köpa filmer **till** kameran?*	für
	*Vi måste köpa en present **till** Annika.*	
	*Hugo är son **till** min kusin.*	von

Ort Lektionen 1, 4, 5, 7

bakom	*Trädgården ligger **bakom** huset.*	hinter
bredvid	*Jag sitter **bredvid** Sven.*	neben
från	*Jag kommer **från** Lund.*	von, aus
hos	*Det var kul att vara **hos** er.*	bei
i	*Vi har vänner **i** Sverige.* *Jag köper mjölk **i** mataffären.* *Jag har ont **i** ryggen.*	in
i närheten av / nära	*Alvesta ligger **i närheten av / nära** Växjö.*	in der Nähe von
inom	*Du måste parkera **inom** markerat område.*	innerhalb
mellan	*Falkenberg ligger **mellan** Varberg och Halmstad.*	zwischen
mittemot	*Kiosken ligger **mittemot** stationen.*	gegenüber
på	*Vad är det **på** bild 3?* *Vi äter lunch **på** ett kafé.* *Lena bor **på** Lilla Brogatan.* *Det är bekvämt att handla **på** ett varuhus.*	auf, an, in
till	*Det finns många vägar **till** Sverige.*	nach, zu
utanför	*Kyrkan ligger **utanför** centrum.*	außerhalb
vid	*Läraren står **vid** tavlan.*	bei, an

Konjunktionen

Nebenordnende Konjuktionen			
Vereinend Lektion 1	och	und	*Astrid **och** Hans gillar Lund.*
Ausschließend Lektion 4	eller	oder	*Många affärer ligger vid torget **eller** i närheten.*
Gegensatz Lektion 2	men	aber	*Peter tycker om att cykla **men** han tycker inte om …*
Erklärend Lektion 6	för	denn	*Vi köpte regenkläder **för** vi hade inga med oss.*
Folge Lektion 5	så	so	*Det är fint väder **så** jag ska måla huset.*

Unterordnende Konjunktionen			
Allgemein einleitend Lektionen 6, 8, 10	att	dass	*Jag hoppas **att** vi ses snart.*
Indirekte Fragesätze einleitend Lektionen 3, 12	om	ob	*Vi ska se **om** väskan finns kvar.*
Vergleich Lektion 11	som än	wie als	*Hotell Linné är lika bra **som** hotell Flora.* *Men hotell Flora är större **än** hotell Linné.*
Grund Lektionen 7, 9	därför att eftersom	weil weil	*Jag åkte tåg **därför att** det var billigt.* *Jag tar det gula skärpet **eftersom** färgen är så fin.*
Folge Lektion 5	så att så	so dass so dass	*Vädret var dåligt men vi köpte regnkläder **så att** vi kunde gå ut.* *Vi har tid **så** vi promenerar.*
Zeit Lektionen 5, 10, 14	när medan innan	wenn während bevor	***När** vädret är fint sitter vi i trädgården.* *Kan du vänta på mig här **medan** jag hämtar böckerna?* ***Innan** jag äter frukost väcker jag hela familjen.*
Bedingung Lektion 12	om	wenn, falls	***Om** ni fryser kan ni sätta på elementet.*

Der Satz

Hauptsatz

Aussagesatz
Jag läser en bok.
Jag bor i Säffle.
Jag gillar inte mjölk.
Märta har läst franska på en kurs i Stockholm.

Im Aussagesatz steht das finite Verb an der zweiten Stelle. Wenn ein anderer Satzteil als das Subjekt an der ersten Stelle steht, folgt das Subjekt, wie im Deutschen, nach dem finiten Verb: Es ist die sogenannte umgekehrte Wortfolge (Inversion).

*Förra året **läste** hon franska på en kurs i Stockholm.*
*När vädret är fint **sitter** vi ute på balkongen.*
*Det är bra, **tycker** jag.*

Fragesatz

Ja/nein-Fragen

Går den här bussen till stationen?
Ska vi gå till Djurparken?

Fragen, die mit einem Fragewort (z.B. *vem?, vad?, varför?, var?, varifrån?, hur?, när?*) beginnen

När *fyller du år?*
Hur *stavar man det?*

Ausruf/Kommentar Lektion 9

Vad fin du är!
Vilken snygg tröja du har!

Aufforderung Lektion 4

Ta till höger vid ljussignalen!

Die Wortstellung im Hauptsatz

Einleitendes Element	Finites Verb	Subjekt	Adverb	Infinitives Verb	Partikel	Objekt	Adverbiale Bestimmung
Jag	tycker		inte		om	mjölk.	
Märta	har			läst		franska	på en kurs i Stockholm.
I morgon	ska	vi	inte	följa	med		på utflykten.
När vädret är fint	sitter	vi	alltid				ute på balkongen.
	Ska	vi		gå			till Djurparken?
Hur	stavar	man				det?	

Nebensatz

Allgemeiner Nebensatz Lektion 8

Jag tyckte att det var roligt på utflykten.
Jag lyssnar på musik medan jag lagar mat.

Indirekte Rede Lektion 11

Märta berättar att hon ska börja studera i höst.
Hon säger att hon har hittat en bra lägenhet.

Indirekter Fragesatz Lektion 10

Vi ska se ***om*** *väskan finns kvar.* (Finns väskan kvar?)
Vet du ***hur*** *man gör?* (Hur gör man?)
Vet du ***när*** *tåget till Alvesta går?* (När går tåget till Alvesta?)
Jag vet inte ***vem som*** *kommer i kväll.* (Vem kommer i kväll?)
Jag vet inte ***vem*** *du har träffat.* (Vem har du träffat?)

Wenn ein Fragepronomen, z. B. *vem* oder *vad* im indirekten Fragesatz Subjekt ist, muss man ein *som* hinzufügen. Wenn das Fragepronomen im indirekten Fragesatz Objekt ist, folgt kein *som*.

Stellung der Adverbien im Haupt- und Nebensatz Lektion 7

Einige Adverbien wie *inte, alltid, aldrig, bara, gärna, kanske* stehen an unterschiedlichen Stellen im Hauptsatz und im Nebensatz. Im Hauptsatz stehen sie **nach** dem ersten Verb, im Nebensatz **vor** dem ersten Verb.

*Jag åkte tåg. Det **var inte** dyrt.*	Hauptsatz
*Jag åkte tåg därför att det **inte var** dyrt.*	Nebensatz
*Jag **har aldrig** druckit mjölk.*	Hauptsatz
*Du vet att jag **aldrig har** druckit mjölk.*	Nebensatz

Die Wortstellung im Nebensatz

Einleitendes Element	Subjekt	Adverb	Finites Verb	Infinitives Verb	Partikel	Rest des Satzes
att	det		var			roligt
att	jag	aldrig	har	druckit		mjölk
hur	man		gör			
där	man		kan	sitta		ute och äta
vem som		inte	har	varit		här

Wortbildung

Neue Wörter werden unter anderem durch Zusammensetzungen und Ableitungen gebildet. Bei Ableitungen werden Suffixe (Nachsilben) und Präfixe (Vorsilben) an bestehende Wörter angehängt.

Zusammengesetzte Wörter
badrum
äppeljuice
ärtsoppa
bankomatkort
arbetsdag
årstid

Substantivsuffixe

-are	*lärare, invånare, skrivare*
-ande / -ende	*studerande, boende*
-ant/-ent	*praktikant, assistent, student*
-bo	*sambo, särbo*
-dom	*sjukdom*

-e	*möte, intresse, arbete*
-else	*betydelse, upplevelse*
-is	*dagis, godis*
-ist	*bilist, journalist*
-(n)ing	*hälsning, lösning, räkning, städning, släkting*
-tion	*information*
-är	*pensionär*
-ör	*chaufför, frisör*

Adjektivsuffixe

-ande	*passande, varierande*
-fri	*rökfri*
-full	*meningsfull*
-ig /-lig	*blommig, charmig, sportig, vanlig, vänlig, personlig*
-isk	*harmonisk, estetisk*
-lös	*arbetslös*
-sam	*hjälpsam, trivsam*
-talande	*tysktalande*
-vänlig	*prisvänlig*

Adjektivpräfixe

jätte-	*jättesnäll*
o-	*ogift, oklar*

Verbsuffixe

-a	*chatta, shoppa, sola, jobba*
-na	*vakna, somna*
-era	*arrangera, fungera, gratulera*

Liste der unregelmäßigen Verben

Infinitiv	Präsens	Präteritum	Supinum
anknyta	anknyter	anknöt	anknutit
be	ber	bad	bett
bjuda	bjuder	bjöd	bjudit
bli	blir	blev	blivit
bryta	bryter	bröt	brutit
bära	bär	bar	burit
dammsuga	dammsuger	dammsög	dammsugit
delta	deltar	deltog	deltagit
dö	dör	dog	dött
dra	drar	drog	dragit
dricka	dricker	drack	druckit
få	får	fick	fått
finna	finner	fann	funnit
finnas	finns	fanns	funnits
flyga	flyger	flög	flugit
frysa	fryser	frös	frusit
ge	ger	gav	givit
gå	går	gick	gått
göra	gör	gjorde	gjort
ha	har	hade	haft
heta	heter	hette	hetat
hinna	hinner	hann	hunnit
hålla	håller	höll	hållit
komma	kommer	kom	kommit
kunna	kan	kunde	kunnat
ligga	ligger	låg	legat
låta	låter	lät	låtit
lägga	lägger	lade	lagt
	måste	måste	måst
rida	rider	red	ridit
rinna	rinner	rann	runnit
se	ser	såg	sett
sitta	sitter	satt	suttit
sjunga	sjunger	sjöng	sjungit
	ska	skulle	skolat
skina	skiner	sken	skinit
skriva	skriver	skrev	skrivit
sova	sover	sov	sovit
springa	springer	sprang	sprungit
stiga	stiger	steg	stigit
stryka	stryker	strök	strukit
stå	står	stod	stått

säga	säger	sade	sagt
sälja	säljer	sålde	sålt
sätta	sätter	satte	satt
ta	tar	tog	tagit
vara	är	var	varit
veta	vet	visste	vetat
vilja	vill	ville	velat
vinna	vinner	vann	vunnit
välja	väljer	valde	valt
äta	äter	åt	ätit

Grammatische Terminologie

Deutsche Begriffe	Erklärungen	Beispiele	Schwedische Begriffe
Adjektiv	Eigenschaftswort	*en* ***trevlig*** *person* *Cyklarna är* ***smutsiga****.*	adjektiv
Adverb	Umstandswort Adverbien beschreiben wann, wo, wie etwas geschieht.	*Jag kom* ***i går****.* *Vi äter lunch* ***hemma****.* *Kör* ***långsamt*** *här.*	adverb
Artikel	Geschlechtswort	*en, ett, -en, -et, -na, -a -en* ***den*** *grön****a*** *blus****en***	artikel
Demonstrativ-pronomen	Hinweisende Fürwörter	*den här*	demonstrativa pronomen
Finite Verbformen	Formen mit Personalendungen	*jag mål****ar****, jag mål****ade***	finit verbform
Genitiv	Wesfall	*Peter****s*** *föräldrar* *pojkarna****s*** *mamma*	genitiv
Imperativ	Befehlsform	***Titta!*** ***Kom*** *in!*	imperativ
Indefinitpronomen	Unbestimmte Fürwörter	*man, varje, någon, ingen, sådan*	indefinitiva pronomen
Infinite Verbformen	Formen ohne Personal-endungen (Infinitiv und Supinum).	*måla, målat*	infinit verbform
Infinitiv	Grundform des Zeitwortes	*Kan du* ***hjälpa*** *mig?* *Jag gillar att* ***köra*** *bil.*	infinitiv

Interrogativ-pronomen	Fragende Fürwörter	*vem, vad, vilken*	interrogativa pronomen
Konjunktion	Bindewort	*och, eller, men, att, om, när, innan*	konjunktion
Konsonant	Mitlaut	*b, d, f, g, h …*	konsonant
Temporales und modales Hilfsverb	Verben, die mit anderen Verbformen kombiniert werden.	*Olle* ***har*** *köpt en tidning.* *Lisa* ***kan*** *simma.*	temporalt hjälpverb modalt hjälpverb
Objekt	Ergänzung zum Verb	*Jag städar* ***köket****.*	objekt
Perfekt	Vollendete Gegenwart	*Hur* ***har*** *resan* ***gått****?*	perfekt
Personalpronomen	Persönliche Fürwörter	*jag, du, han, mig, dig, honom, sig*	personliga pronomen
Plural	Mehrzahl	*flickor, pojkar, affärer, frimärken, vykort*	plural
Possessivpronomen	Besitzanzeigende Fürwörter	*min, din, hans, sin*	possessiva pronomen
Präposition	Verhältniswort	*i, på, mellan, mittemot*	preposition
Präsens	Gegenwart	*Monika* ***läser*** *en bok.*	presens
Präteritum	Vergangenheit	*Jag* ***läste*** *tidningen i morse.*	preteritum
Reflexive Verben	Rückbezügliche Verben	*skynda sig, raka sig*	reflexiva verb
Relativpronomen, -adverbien	Bezügliche Fürwörter	*som, där*	Relativa pronomen und adverb
Singular	Einzahl	*flicka, pojke, affär, frimärke, vykort*	singular
Subjekt	Satzgegenstand	***Jag*** *går och handlar.* ***Moster Karin*** *fyller år.* ***Solen*** *skiner.*	subjekt
Substantiv	Hauptwort	*flicka, regn, ögonblick*	substantiv
Supinum	Form, die zur Tempusbildung verwendet wird.	*Det har* ***regnat****.*	supinum
Verb	Zeitwort, Tätigkeitswort	*Jag* ***äter*** *frukost.* *Vi* ***har målat*** *huset.*	verb
Vokal	Selbstlaut	*a, e, i, o, u, y, å, ä, ö*	vokal

Literaturhinweise

Bolander, Maria (2001), Funktionell svensk grammatik. Stockholm: Liber.
Bonner, Maria (1985) Kompaktgrammatik Schwedisch. Stuttgart: Klett.
Göransson, Ulla/Parada, Mai (1998), På svenska! Svenska som främmande språk. Studiehäfte. Lund: Folkuniversitetets förlag.
Hultman, Tor G. (2003), Svenska Akademiens språklära. Stockholm: Svenska akademien.
Nyordsboken. Med 2000 nya ord in i 2000-talet. Svenska språknämnden 2000. Norstedts Ordbok.
Svenska Akademiens ordlista över svenska språket.

Lösungen

1_Välkomna

1

Varsågod och kom in.
Välkomna till svenskkursen.

2

1. Jag; 2. Vad; 3.kommer; 4 Varifrån; 5. Från

3

1. Jag heter Maria.; 2. Jag kommer från Malmö.; 3. Varifrån är du?; 4. Jag kommer också från Göteborg.; 5. Vad heter du?

4

1. Hej! / Tjena! / Hallå!; 2. Välkommen! / Välkomna!; 3. Jag heter ...; 4. Vad heter du?; 5. Jag kommer / är från ...

5

1. Hej!; 2. Vad heter du?; 3. Varifrån kommer / är du?; 4. Vad kul! / Vad roligt! Jag med. / Jag också.

6

(*von links oben nach rechts unten*): 1, 3, 5, 8, 10

7

1. Vad betyder "..."?; 2. Hur uttalar man det?;
3. Det vet jag inte.

8

1. läser; 2. gillar; 3. semestrar; 4. har; 5. har; 6. heter; 7. heter; 8. kommer / är

9

1.c.; 2.f.; 3.e.; 4.b.; 5.d.; 6.a.

10

1. en; 2. ett; 3. en; 4. ett; 5. en; 6. en

11

ett, två, tre, fyra, fem, sex, sju, åtta, nio, tio, elva, tolv

12

en: bil, campingplats, flaggstång, färja, pojkvän, turistbyrå
ett: fritidshus, hus, vandrarhem

13

1. campingplats; 2. frimärke; 3. flaggstång;
4. fritidshus; 5. mjölk; 6. färja; 7. vandrarhem;
8. smörgås; 9. bil; 10. turistbyrå

14

1. Vad; 2. Varifrån; 3. Hur; 4. Varför; 5. Vad; 6. Vad

15

8: åtta; 12: tolv; 4: fyra; 7: sju; 9: nio; 2: två; 11: elva; 5: fem

16

1. Vad betyder *bil*?; 2. Vad är det?; 3. Varför läser du svenska?

17

1. till; 2. från; 3. i; 4. i; 5. på; 6. på

2_Hur är det?

1

1.c; 2.f; 3.a; 4.e; 5.b; 6.d

2

S. Lösung von Übung 1.

3

1. De; 2. Hon; 3. Han; 4. Han; 5. De; 6. Hon; 7. Han;
8. Hon

4

1. Hur är det? / Hur är läget? / Läget?; 2. Tack (bara) bra! / Det är OK. / Det är bra. /Bara fint.;
3. Och (du) själv? / Och du (då)?; 4. Så där.

5

1. Vad heter ni i efternamn?; 2. Hur stavar man det?; 3. Var bor du?; 4. Det här är Karin och Peter.; 5. De heter Hallberg i efternamn.; 6. De bor i Stockholm.

6

4.; 9.; 7.; 6.; 10.; 1.; 8.; 5.; 11.; 3.; 2.

7

1. Vad heter du?; 2. Vad heter du i efternamn?; 3. Var bor du?; 4. Vad talar du för språk?; 5. Vad gillar du i Sverige?

8

Mögliche Lösung: danska, engelska, franska, italienska, norska, spanska, tyska

9

1. Jag talar inte engelska men jag förstår lite.; 2. Jag läser engelska på en kurs i Uppsala.; 3. Jag tänker jobba i England.; 4. Jag har en kompis i London.; 5. Jag gillar att köra bil.

10

Lösung ist frei.

11

1. är; 2. uttalar; 3. Talar/ Förstår; 4. heter; 5. läser; 6. talar; 7. heter; 8. betyder / vet; 9. är / bor; 10. går / jobbar

12

1. kör / köra; 2. läser / läsa; 3. semestra / semestrar; 4. bor / bo; 5. jobba / jobbar

13

1. Varför; 2. Var; 3. Varifrån; 4. Vad; 5. Hur; 6. Vad; 7. Vad; 8. Hur

14

1. kursen; 2. fritidshuset; 3. vännen; 4. bilen; 5. frimärket; 6. staden; 7. färjan; 8. smörgåsen; 9. affären; 10. läkaren; 11. efternamnet; 12. språket

15

1. efternamn; 2. teveprogram; 3. hastighetsbegränsning; 4. frimärke; 5. vandrarhem; 6. Frankrike

16

1. drottningen; 2. vintern; 3. havet; 4. ölet; 5. vasaloppet; 6. naturen; 7. sommaren; 8. gilla; 9. språket; 10. stava; 11. gammal
Lösungswort: teveprogram

17

bra, natur, öl, språket, läsa, köra, tala, bo, havet

18

1.f.; 2.d.; 3.e.; 4.g.; 5.b.; 6.a.; 7.c

19

1. Bara fint.; 2. Svensson; .3. I Göteborg.; 4. Det vet jag inte.; 5. Det vet jag inte.; 6. Jag har vänner i Sverige.

20

1. restaurang; 2. Vänern; 3. hej då; 4. färja

3_Vad ska vi ta?

1

1. ostfralla; 2. smörgås; 3. kanelbulle; 4. pepparkaka; 5. lättöl; 6. påtår; 7. skinksmörgås

2

1. en; 2. ett; 3. en; 4. en; 5. en; 6. en; 7. en; 8. en; 9. en; 10. en

3

1. en kopp kaffe; 2. ett glas juice; 3. en mugg te; 4. ett glas lättöl; 5. ett glas mjölk

4

Vgl. Lehrbuch Seite 34 und Seite 35, A 1.

5

1.c.; 2.a.; 3.d.; 4.e.; 5.b

6

1. Vad ska vi ta?; 2. Jag tar en skinksmörgås.; 3. Det låter gott.; 4. Vill du ha en kopp kaffe?; 5. Jag bjuder.; 6. Då tar vi två koppar kaffe.; 7. Och något till?; 8. Ja tack, gärma.; 9. Nej tack, det är bra.

7

1. tomater; 2. pepparkakor; 3. glas, skinksmörgåsar, baguetter med ost; 4. koppar, ostfrallor, kanelbullar

8

Vgl. Abschnitt B 1 im Lehrbuch.

9

-or: frallor, mackor, räkor
-ar: koppar, muggar, smörgåsar
-er: apelsiner, baguetter, morötter, tomater
-n: äpplen
--: glas, päron, ägg

10

18: arton; 14: fjorton; 97: nittiosju; 17: sjutton; 62: sextiotvå; 33: trettiotre; 75: sjuttiofem; 8: åtta; 80: åttio; 54: femtiofyra

11

1. trettiofem, fyrtiofem, femtiofem; 2. åttio, etthundra, etthundratjugo; 3. fyrtiofyra, femtiofem, sextiosex; 4. tolv, femton, arton; 5. åtta, tio, tolv

12

2. ◗ Vad kostar colan? D Den kostar tolv kronor.
3. ◗ Vad kostar kaffet? D Det kostar sexton kronor.
4. ◗ Vad kostar teet? D Det kostar femton kronor.
5. ◗ Vad kostar ostfrallan? D Den kostar arton kronor.
6. ◗ Vad kostar skinksmörgåsen? D Den kostar tjugosex kronor.
7. ◗ Vad kostar baguetten med ost och skinka? D Den kostar trettiotvå kronor.
8. ◗ Vad kostar kanelbullen? D Den kostar tio och femtio.

13

tisdag, onsdag, torsdag, lördag

14

vill, ska, kan, vill, vill

15

4., 9., 8., 3., 5., 1., 10., 2., 7., 6.

16

1.d.; 2.a.; 3.g.; 4.f.; 5.c.; 6.b.; 7.h.; 8.e

17

sjutton, choklad, skinka, kanske, själv, lektion, lunch

18

1. Har ni mjölk?; 2. Vad kostar mjölken?; 3. Kan jag få en kopp kaffe?; 4. Det är gott.; 5. Vi vill betala.; 6. Det är jämnt.

4_Finns det någon bank här?

1

1. samhälle; 2. mataffär; 3. vårdcentral; 4. bensinmack; 5. bilverkstad; 6. flygplats; 7. sjuk-hus; 8. varuhus; 9. vandrarhem; 10. parkeringsplats

2

1. läkare; 2. gata; 3. vandrarhem; 4. sjö; 5. kiosk; 6. varuhus

3

kyrkor: skolor
sjöar: skogar
banker: kaféer, kiosker, mataffärer, restauranger
samhällen
apotek: invånare, läkare, sjukhus, vandrarhem, varuhus

4

1. … det finns det …; 2. … det är den …; 3. … det gör den …; 4. … det gör den …; 5. … det är den …; 6. … det gör jag …; 7. … det finns det …; 8. … det är den …

5

1. mysigt; 2. bra; 3. fina; 4. trevliga; 5. trevligt; 6. fin; 7. små; 8. intressant; 9. bra; 10. kall; 11. härlig; 12 skön

6

1. Stockholm är en vacker stad och ligger nära Mälaren.
2. Göteborg är en intressant stad med bra affärer.
3. I Fristad finns det en stor mataffär och ett apotek.
4. Utanför samhället finns det en liten sjö och stora skogar.
5. I min stad finns det fina affärer och ett mysigt kafé.
6. Göteborg har många fina affärer, stora museer och en stor hamn.

7

1.h.; 2.e.; 3.g.; 4.b.; 5.a.; 6.f.; 7.c.; 8.d.

8

1. i närheten; 2. vid; 3. mellan; 4. mittemot; 5. rakt fram; 6. till vänster

9

1. förlåt; 2. gå; 3. ursäkta; 4. ta; 5. fortsätt; 6. kör

10

1. Förlåt / ursäkta / hej, kan du säga mig var hotellet ligger? / Ursäkta, hur kommer man till hotellet?
2. Ursäkta, finns det någon parkeringsplats (här) i närheten?
3. Kan du säga det en gång till? / Ett ögonblick.
4. Apoteket ligger bredvid banken.
5. Ta till vänster vid trafikljuset.

11

1. en vårdcentral, ett apotek
2. vårdcentralen, apoteket
3. en mataffär, en kiosk
4. flygplatsen, flygplatsen
5. en sjö, en badplats, en campingplats
6. ett fritidshus, sjön, badplatsen
7. campingplatsen

12

1. på; 2. för; 3. av; 4. till; 5. vid; 6. till; 7. till; 8. på; 9. för

13

1. Det stämmer. Just precis.
2. Hur stavar man det?
3. Tack så mycket.
4. Kan du säga det en gång till?
5. Nu förstår jag.
6. Just precis. Det stämmer.

14

1. är; 2. har; 3. bor; 4. finns det; 5. ligger

5_Vi ska gå och handla.

1

1.h.; 2.d.; 3.c.; 4.g.; 5.b.; 6.e.; 7.f.; 8.a.

2

1. i; 2. på; 3. i; 4. på; 5. på; 6. i

3

böcker, blommor, choklad, falukorv, frimärken, mjölk, morötter, päron, ris, tidningar, vykort, ägg

4

i en kiosk: böcker, choklad, frimärken, tidningar, vykort
i en mataffär: choklad, falukorv, mjölk, morötter, päron, ris, tidningar, ägg
på torget: blommor, morötter, päron, ägg

5

1. Finns det något apotek här i närheten / i stan?
2. Var kan man köpa kartor / böcker? Känner du till någon affär som har ...?
3. Känner du till någon affär som har verktyg? / Var kan man köpa ...?

6

1. sportaffär; 2. bokhandel; 3. byggbutik; 4. pensel; 5. vykort; 6. film; 7. frimärke; 8. tidning; 9. verktyg; 10. varuhus
Lösungswort: regnkläder

7

1. åka / gå; 2. åker / går; 3 köpa; 4. köper; 5. måla; 6. fyller; 7. köpa; 8. äter; 9. regnar

8

1. bröd, frallor, knäckebröd (*Brotsorten*)
2. grädde, socker (*für den Kaffee oder für den Tee*)
3. kaffe, juice, te (*Getränke*)
4. smör, marmelad, ost, skinka (*auf dem Brot*)

9

1. affärerna; 2. färjorna; 3. grönsakerna;
4. museerna; 5. städerna; 6. vykorten;
7. frimärkena; 8. glasen; 9. kopparna;
10. samhällena; 11. varuhusen; 12. äpplena

10

blommor, tomater, äpplen, tomaterna, äpplena, blommorna, filmer, bullar, päron, ägg, päronen, äggen, bullarna, filmerna

11

1. Ska vi inte dricka kaffe?
2. Kaffet är slut.
3. Jag köper / kan köpa kaffe/t.
4. Kan du köpa kanelbullar?
5. Vi träffas utanför kaféet.
6. Vänta på mig.

12

1. honom; 2. dem; 3. den; 4. oss; 5. er; 6. mig; 7. henne; 8. oss; 9. det; 10. er

13

1. *en burk*: sardiner, färg
2. *en flaska*: olja, öl
3. *ett kilo*: tomater
4. *en liter*: mjölk, bensin, olja
5. *ett paket*: mjölk, knäckebröd, cigaretter
6. *en påse*: godis

14

1. godis; 2. station; 3. regna; 4. parfym; 5. Har ni frimärken?

15

(Lösungsvorschlag)
1. Kan jag få fyra kanelbullar / två hekto skinka?
2. Fyra kanelbullar / två hekto skinka, tack.
3. Jag vill ha fyra kanelbullar / två hekto skinka.
4. Har ni frimärken / jackor?
5. Jag tar de här tidningarna / fyra kanelbullar / två hekto skinka.

16

13.; 1.; 12.; 3.; 5.; 10.; 7.; 2.; 6.; 11.; 9.; 8.; 4.

17

Hur mycket: 1., 4., 5., 6.
Hur många: 2., 3., 7., 8.

18

1.b.; 2.c.; 3.f.; 4.a.; 5.d.; 6.e.

Repetition_1

1

1.b.; 2.c.; 3.c.; 4.b.; 5.a.

2

1.b.; 2.c.; 3.b.; 4.c.; 5.c.

3

1.g.; 2.d.; 3.k.; 4.i.; 5.a.; 6.b.; 7.l.; 8.c.; 9.f.; 10.h.

4

1. heter; 2. kommer; 3. heter; 4. Talar; 5. Vill du ha; 6. betyder; 7. kommer; 8. en gång till; 9. Vad ... för; 10. Var

5

1. restaurang; 2. GöteborgsOperan; 3. bokhandel; 4. fotoaffär; 5. mataffär;

6_Hur var semestern?

1

Lösungsvorschlag:
i naturen: sola, segla, plocka svamp, paddla kanot, måla, bada, vandra, cykla, fiska, koppla av, prata, åka skidor, äta, läsa
hemma: prata, måla, läsa, titta på teve, lyssna på musik, träffa vänner, koppla av, spela kort, dricka vin, äta
på en krog: äta, träffa vänner, spela kort, prata, lyssna på musik, dricka vin

2

1. Jag också. / Det gör inte jag.
2. Inte jag heller. / Men det gör jag.
3. Inte jag heller. / Men det gör jag.
4. Jag också. / Det gör inte jag.
5. Jag också. / Det gör inte jag.
6. Inte jag heller. / Men det gör jag.
7. Jag också. / Det gör inte jag.
8. Jag också. / Det gör inte jag.

3

1. Det är varmt.; 2. Det är kallt.; 3. Det regnar.; 4. Det blåser.; 5. Det är soligt.; 6. Det är mulet.; 7. Det snöar.; 8. Det åskar.

4

3.; 9.; 7.; 1.; 5.; 10.; 2.; 6.; 8.; 4.

5

1. träffar; 2. bor; 3. badar; 4. solar; 5. seglar; 6. har; 7. äter; 8. dricker; 9. pratar; 10. läser; 11. åker; 12. handlar; 13. koppla av;

6

1. tio över fyra; 2. kvart i ett; 3. halv tolv; 4. fem i halv tio; 5. tjugo i nio; 6. fem över halvfyra

7

1. höst; 2. sommar; 3. vinter; 4. vår

8

1. februari
2. april, juni, september, november
3. januari, mars, maj, juli, augusti, oktober, december

9

1. på; 2. på; 3. i; 4. på; 5. i; 6. på

10

1.d.; 2.a.; 3.f.; 4.c.; 5.e.; 6.b.

11

1. Jag hörde att du hade semester i juli.
2. Vi kom tillbaka i lördags.
3. Vi var ju på Västkusten på vår semester.
4. I början var vädret ganska dåligt.
5. Det regnade en hel del och det åskade ordentligt.
6. Men det fanns andra saker att göra i stället.
7. Vi körde in till stan och gick och shoppade.

12

1. Tack för ditt mejl / Tack för mejlet.
2. Och hur hade du det på din semester? / Och hur var din semester?
3. Vad gjorde du på semestern? / på din semester?
4. Vår semester var fin / bra.
5. Vädret var jättebra / mycket bra / mycket fint / toppen.
6. Jag sov länge varje morgon.
7. Vi kan väl / Ska vi inte träffas och äta lunch tillsammans i morgon?

13

1. nittonhundrafemtiofem; 2. nittonhundraåttio; 3. nittonhundranittionio; 4. tjugohundratvå; 5. tjugohundrasex; 6. tjugohundratretton

14

jag bor / bodde; jag börjar / började; jag går / gick; jag gör / gjorde; jag kommer / kom; jag läser / läste; det regnar / regnade; jag skriver / skrev; jag sover / sov; jag träffar / träffade; jag äter / åt; jag är / var

15

Lösungsvorschlag

1. Igår besökte jag en utställning.
2. I förrgår började jag läsa svenska.
3. I fredags gick jag och handlade.
4. I helgen gick jag på bio.
5. Igår lyssnade jag på musik.
6. I förrgår läste jag en bra bok.
7. I fredags skrev jag ett kort.
8. I helgen sov jag länge.
9. Igår träffade jag vänner.
10. I helgen åt jag på restaurang.

16

1. hade; 2. fyllde; 3.gick; 4. bodde; 5. sov; 6. vaknade; 7. gick; 8. hörde; 9. var; 10. hörde; 11. kom; 12. öppnade; 13. fanns; 14. började; 15. var; 16. var; 17. drack

7_ Trevlig resa!

1

1. motorcykel; 2. färja; 3. spårvagn; 4. bil; 5. tunnelbana; 6. cykel; 7. taxi; 8. tåg

2

åka: bil, buss, moped, motorcykel, spårvagn, taxi, tunnelbana, tåg
köra: moped, motorcykel, bil, buss
cykla
flyga

3

1. aldrig; 2. sällan; 3. ibland; 4. ofta; 5. alltid

4

1. byta; 2. bro; 3. cykel; 4. flygplats; 5. spårvagn

5

spännande, intressant, bekvämt, billigt, dyr, dyr, dyrt, dyrt, billigt, bekvämt, intressanta

6

1. billig; 2. byta; 3. liten; 4. socker; 5. södra; 6. aldrig; 7. långt borta; 8. varm; 9. öppna

7

1. reste; 2. valde; 3. gick; 4. flög; 5. tog; 6. var; 7. åkte; 8. hade; 9. gick; 10. tittade; 11. var; 12. cyklade; 13. tog

8

1. Jag tar inte flyget därför att det inte är bekvämt.
2. Jag kör inte bil därför att jag inte har körkort.
3. Jag åker inte buss därför att det inte går fort.
4. Jag åker inte tåg därför att det inte går direkt.
5. Jag vill inte byta därför att det inte är bekvämt.

9

1.b.; 2.e.; 3.a.; 4.c.; 5.d.

10

1. När går nästa tåg till Stockholm?

2. Finns det något senare tåg?
3. Går det direkt?
4. Vad kostar en biljett?
5. Vilket spår är det? / Varifrån går tåget?

11

1. på kvällen; 2. mitt på dagen; 3. på morgonen; 4. på eftermiddagen; 5. på natten; 6. på förmiddagen

12

1. När är vi framme? / Hur lång tid tar det?
2. Var stannar bussen?
3. Kan du säga till när vi kommer dit?

13

1. står, står; 2. stannar, stannar, står; 3. står; 4. står

14

1. Går den här bussen till sjukhuset? / Ursäkta, jag ska till sjukhuset. Hur kommer jag dit?
2. När är vi framme? / Hur lång tid tar det till sjukhuset?
3. Kan du säga till när vi kommer dit?

15

1.f.; 2.d.; 3.e.; 4.a.; 5.b.; 6.c.

16

1. mina, deras; 2. min, hennes; 3. min, våra; 4. ditt; 5. ert; 6. våra, deras

17

1. hur långt; 2. hur länge; 3. hur länge; 4. hur långt; 5. hur långt / hur länge; 6. hur länge; 7. hur långt; 8. hur länge; 9. hur länge; 10. hur länge

18

1. mycket; 2. säkert; 3. ganska; 4. gärna; 5. alltid; 6. länge; 7. vackert; 8. långsamt; 9. fort; 10. riktigt

19

1. er; 2. varmt; 3. vårt; 4. tog; 5. stannar; 6. stannade; 7. långsamt; 8. våra; 9. cyklar; 10. cykla

8_ Precis som hemma.

1

1. I sovrummet; 2. På balkongen; 3. I köket; 4. I hallen; 5. I vardagsrummet; 6. I badrummet

2

Lösungsvorschlag:
kök: spis, diskmaskin, bord, stol, lampa,skåp
vardagsrum: fåtölj, bokhylla, bord, kudde, lampa, matta, skåp, soffa, stol, tavla, teve,
hall: skåp, spegel, matta, lampa, tavla

3

1. ligger; 2. sitter; 3. hänger, står; 4. står; 5. hänger; 6. står; 7. ligger; 8. sitter; 9. ligger

4

1. inga; 2. inget; 3. ingen; 4. ingen; 5. inga; 6. inget

5

Lösungsvorschlag:
Finns det någon affär i närheten?
Finns det något badrum i huset?
Finns det några cyklar i huset?
Finns det något kylskåp i huset?
Finns det någon restaurang i närheten?
Finns det någon teve i huset?
Finns det någon tvättmaskin i huset?

6

1. en trevlig stuga; 2. havet; 3. bad; 4. cyklar; 5. med plats för 4 personer; 6. med två sängar i varje rum; 7. med el-spis och kylskåp; 8. med toalett och dusch; 9. med grillplats

7

dator; element; garderob; städgrejer; trädgård; strykjärn; parasoll; soptunna

8

1. cyklarna; 2. nycklarna; 3. problemen; 4. soporna; 5. sovrummen; 6. garderoberna; 7. områdena; 8. skorna; 9. soptunnorna; 10. städgrejerna

9

1. i trädgården; 2. i bokhyllan; 3. i garderoben; 4. på skrivbordet; 5. på bordet; 6. på parkeringsplatsen

10

1. Vilket fint väder ni har. / Har vädret varit vackert länge?
2. Har resan gått bra?
3. Har ni varit här någon gång / tidigare?

11

1. gått; 2. målat; 3. hyrt; 4. handlat; 5. spelat; 6. varit; 7. bott; 8. jobbat
Lösungswort: garderob

12

1. har beställt; 2. har bjudit; 3. har druckit; 4. har fått; 5. har läst; 6. har väntat; 7. har blivit; 8. har diskat; 9. har gjort; 10. har kunnat; 11. har haft;
12. har ätit

13

1. *Har* du *skrivit* till Frida? / Det *gjorde* jag i går.
2. *Har* du *varit* i Lund någon gång tidigare? / Jag *har läst* här vid universitetet. / När *var* det? / Och vad *läste* du då? / Jag *var* utbytesstudent. / Och nu *har* du *kommit* tillbaka?
3. Jag *har* faktiskt aldrig *åkt* skidor. / Jag *var* i Åre förra veckan. / Då *åkte* jag skidor. / Vädret *var* verkligen perfekt.

14

Lösungsvorschlag:
1. Förlåt att jag stör dig. / Ursäkta, vi har ett problem.

2. Tvättmaskinen är sönder. / Tvättmaskinen fungerar inte.
3. Tack, det var jättesnällt.

15

1. Hur länge har ni varit här?
2. Jag hoppas att ni trivs bra.
3. Har ni lust att komma in till oss och prata?
4. Det är jag som bor i huset där borta.
5. Passar det bra att fika i eftermiddag?
6. Det ska bli roligt att träffas.

16

1. om; 2. i; 3. i; 4. i; 5. på; 6. om

17

Lösungsvorschlag:
Vilket fint väder vi har.
Vilken tur vi har med vädret.
Vilket väder!
Vi har haft riktigt fint väder länge nu.
Det är en härlig sommar.

18

1.; 2.; 3.; 6.; 8.

19

1.g.; 2.f.; 3.e.; 4.a.; 5.b.; 6.c.; 7.d

20

1. Tyskland, Finland
2. italienska, spanska / Italien, Spanien
3. franskt, spanskt / Frankrike, Spanien
4. fransk
5 svensk
6. tysk / Tyskland
7. engelsk / England
8. italiensk / Italien
9. svenska / Sverige
10. svenskt / Sverige

21

1. hyrde vi; 2. har vi köpt; 3. det; 4. hade vi; 5. läser vi; 6. oss; 7. förklarar; 8. de

9_Jag tar de röda skorna.

1

1. Malin har en mönstrad kappa, jeans och en blå-och vitrandig tröja på sig.
2. Björn har en brun jacka, en grön T-shirt, vita shorts och gymnastikskor på sig.
3. Ann har en klänning i grönt och vitt och ett vitt skärp på sig. Hon har också en grön väska.
4. Helena har en rosa kavaj, en svart topp och lila byxor på sig.
5. Emma har en gul kofta, en rutig kjol, en blommig blus och bruna stövlar på sig.
6. Per har en svart kavaj, en vit skjorta, blåa byxor och svarta skor på sig.

2

1. röda; 2. brun; 3. svart; 4. gult; 5. rosa; 6. blått;
7. blå / grå; 8. vit; 9. bruna; 10. grön

3

1. tändstickor; 2. solglasögon; 3. klockan; 4. penna; 5. väskan;
6. klänningen; 7. skorna

4

1. klocka; 2. väska; 3. prickig; 4. stövlar; 5. rosa;
6. färg

5

1. I min garderob hänger det två svarta kavajer.
2. Jag har en rutig kjol och en gul kofta på mig.
3. Rött är kärlekens färg.
4. Jag tycker mest om lila.
5. Vad tar du på dig när du ska vara fin?

6

1. Pojkarnas mamma väntar på dem.
2. Peters bil är blå.
3. Min mans favoritfärg är grön.
4. Jag ska bo i mina vänners hus.

7

Lösungsvorschlag:
1. ett besök på operan / ett bröllop
2. en cykeltur / en picknick / en vandring
3. en cykeltur / en vandring
4. ett möte på jobbet
5. ett besök på opertan / ett bröllop
6. ett möte på jobbet
7 en cykeltur / ett möte / en picknick

8

1.f.; 2.c.; 3.b.; 4.e.; 5.a.; 6.d

9

1. de bruna skorna; 2. den nya restaurangen; 3. den stora blomsteraffären; 4. de röda äpplena; 5. den vita, de blåa byxorna

10

1. Får jag prova den gula blusen som hänger i fönstret?
2. Den blåa kappan sitter mycket snyggt.
3. Ett svart skärp passar bra till de här gråa byxorna.
4. Jag vill nog hellre ha en mönstrad blus.
5. Jag tycker att den blåa skjortan är mycket bekväm.

11

plagg: kjol, klänning, kofta, skjorta, tröja
mönster: blommig, mönstrad, prickig, randig, rutig
material: bomull, linne, läder, siden, ylle
färger: grönt, lila, rosa, rött, vitt

12

1.c.; 2.f.; 3.e.; 4.a.; 5.d.; 6.b.

13

◗ Hej! Kan jag hjälpa dig?
D Jag vill gärna byta de här skorna. Jag köpte dem i går.
◗ Jaha. Har du kvittot?

D Ja här är det.
◗ Det går bra att byta. Vad vill du ha i stället?
D Har ni de här skorna i storlek 38? Jag tycker att de är lite för små.
◗ Nej tyvärr. Vi har dem bara i 39.
D Nej de blir för stora.
◗ Här vi en annan modell i samma färg.
Vad tycker du om dem?
D De är också snygga. Jag provar dem.
◗ Passar de?
D Mycket bra. Då tar jag dem i stället.
◗ Det är samma pris.
D Det är bra. Tack för hjälpen.
◗ Tack och hej!

14

1. de små tomaterna; 2. den lilla affären; 3. de nya skorna, de gamla skorna; 4. det nya paraplyet, det gamla paraplyet; 5. det lilla huset, den blåa dörren

15

1. dyra; 2. kallt; 3. liten; 4. ny; 5. tunna; 6. ljust; 7. korta

16

1.h.; 2.b.; 3.e.; 4.f.; 5.g.; 6.a.; 7.c.; 8.d.

17

1. dürfen; 2. bekommen; 3. bekommen; 4. dürfen; 5. bekommen; 6. dürfen; 7. bekommen; 8. bekommen

18

Lösungsvorschlag:
1. Får jag byta?
2. Jag vill gärna ha en annan färg.
3. (Den här) färgen är för mörk.
4. Jag är inte riktigt nöjd.
5. Byxorna är för långa.
6. Väskan är för dyr.

10_Vem är bra på att stryka?

1

1.e.; 2.g.; 3.f.; 4.b.; 5.a.; 6.c.; 7.h.; 8.d.

2

1. När somnar du?
2. Brukar du ta en kvällspromenad?
3. Vad äter du på kvällen?
4. Brukar du fika på förmiddagen?
5. När stiger du upp?
6. När kommer du hem från jobbet?
7. Brukar du handla på vägen hem?
8. Vad handlar du på vägen hem?

3

1. vakna; 2. stiga upp; 3. äta frukost; 4. åka hemifrån till jobbet; 5. fika på förmiddagen; 6. äta lunch; 7. handla på vägen hem; 8. komma hem från jobbet; 9. ta en kvällsmacka; 10. ta en kvällspromenad efter maten; 11. gå och lägga sig; 12. somna

4

1. vakna; 2. hämtar; 3. hemifrån; 4. har en lunchrast; 5. skyndar jag mig hem; 6. hemma; 7. somnar; 8. sover

5

1. aldrig; 2. sluta; 3. kväll; 4. somna sent; 5. dyr; 6. efter; 7. vakna; 8. gå och lägga sig

6

1. skynda oss; 2. klä på er; 3. tvättar sig; 4. sätta dig; 5. gick och lade mig; 6. rakar dig

7

1. Jag går hemifrån halv nio.
2. Jag kommer hem på eftermiddagen.
3. När jag är hemma duschar jag.

8

1. laga mat; 2. stryka; 3. diska; 4. tvätta; 5. dammsuga

9

1. ringa samtal; 2. klä på sig; 3. stryka; 4. laga mat; 5. fika med grannar

10

1. Oj då! Inte fler!; 2. Stämmer det verkligen?; 3. Tycker du?; 4. Tack detsamma.; 5. Så tidigt!; 6. Oj då! Så sent!; 7. Det är för sällan.

11

1. tycker; 2. tror; 3. tror; 4. tycker; 5. tror; 6. tycker; 7. tycker; 8. tror

12

2. Jag handlar innan jag åker hem.
3. Jag ringer till Fredrik innan jag bokar biljetter.
4. Jag klipper gräsmattan innan jag tvättar bilen.
5. Vi äter kvällsmat innan vi tittar på teve.
6. Jag kollar posten innan jag skriver ett mejl.

13

1. sätt i; 2. lägg i; 3. sätt in; 4. stäng; 5. ställ in; 6. sätt på; 7. vänta; 8. stäng av; 9. öppna

14

1. vem som; 2. när; 3. vad; 4. varför; 5. vem som; 6. vad; 7. vem; 8. vad som

15

2. är
3. jag få tala
4. hon är inte hemma

5. Kan du säga en sak till henne? / Kan jag lämna ett meddelande? / Kan du hälsa henne en sak?
6. det ska jag göra / det går bra
7. så jag kan inte komma (i tid) / så jag kommer för sent
8. hälsa henne / säga till henne
9. så mycket / ska du ha

16

1. ▸ Hallå. Det är Sven. / D Hej, det är Nils Åke.
2. ▸ Hej. Vad kul att du ringer. Hur är det? / D Bara bra. Och själv?
3. ▸ Också bra. / D Du, är Jenny där?
4. ▸ Nej hon har precis gått hem. / D Vad synd. Kan jag lämna ett meddelande?
5. ▸ Det går bra. / D Säg henne att jag följer med på lunchen i morgon.
6. ▸ Det ska jag säga. / D Jättesnällt. Tack så mycket.
7. ▸ Tack själv. Vi hörs.

17

1. roligt; 2. druckit; 3. flytta; 4. i; 5. innan; 6. köpte; 7. dit; 8. fika

Repetition_2

1

1.b.; 2.c.; 3.b.; 4.b.; 5.a.

2

1.a.; 2.b.; 3.c.; 4.b.; 5.b.

3

1.b.; 2.k.; 3.a.; 4.c.; 5.i.; 6.h.; 7.f.; 8.e.; 9.d.; 10.g.

4

1. När; 2. hoppas; 3. säga till; 4. Jag vill ha; 5. Finns det; 6. Var; 7. fråga; 8. prova; 9. säga; 10. tala

5

1. fel; 2. fel; 3. rätt; 4. rätt; 5. fel

11_Kan du hjälpa mig?

1

2. Stadshotellet är dyrare än Hotell Finn.
3. Hotell Finn är större än Stadshotellet.
4. Stadshotellet är mindre än Hotell City.
5. Ida är yngre än Linus.
6. Maria är äldre än Peter.
7. Kerstin har fler barn än Karin.
8. Gunnar är mer intresserad av bilar än Erik.

2

2. billigast; 3. yngst; 4. flest barn 5. störst / billigast; 6. dyrast / minst; 7. äldst; 8. mest intresserad av bilar

3

1.b.; 2.c.; 3.e.; 4.d.; 5.a.

4

1. där; 2. där; 3. som; 4. som; 5. där

5

1. hjälpa; 2. söker; 3. ligger; 4. tar, gå; 5. låter; 6. bokar; 7. betala; 8. finns, sitta, äta;

6

1. Rum 112 är lika dyrt som rum 116.
2. Apeljuicen är dyrare än äppeljuicen.
3. Kerstin har lika många systrar som Göran.
4. Hotell Central är större / har fler rum än Hotell City.
5. Kaffet är lika dyrt som chokladen.
6. Filip är lika gammal som Anna-Karin.
7. Helsingborg är större / har fler invånare än Lund.

7

1. alltid; 2. fråga; 3. bra; 4. liten; 5. utanför stan; 6. dyr; 7. börja; 8. gammal; 9. ute

8

1. min jacka, gröna; 2. en svart väska, mitt namn; 3. en ring, guld; 4. min kamera, liten

9

1. med; 2. upp; 3. in; 4. ut; 5. upp; 6. ut

10

1. äpple; 2. en biljett; 3. en cykel / en bil; 4. en bok; 5. glasögon; 6. en kopp / en mugg

11

1. på, på; 2. av; 3. i; 4. med; 5. om; 6. av, av; 7. i; 8. av

12

1. av; 2. om; 3. om; 4. av; 5. av; 6. om; 7. av

13

1. Jag tycker att böcker om historia är mycket intressanta.
2. Ulla säger att äldre böcker inte är lätta att läsa.
3. Jan tycker att den nya restaurangen är bra.
4. Alice säger att de inte har fisk på den nya restaurangen.
5. Peter säger att han inte vet mycket om svensk litteratur.
6. Jag vet inte var jag har tappat min väska.

14

1. Vad läser du helst? / Vad tycker du bäst om?
2. Vad tycker du om den här boken?

15

1. Ert rum är större än vårt rum.
2. Jag vill hellre äta lunch än fika.
3. Jag gick upp tidigare i morse än i går.
4. Grand Hotell är äldre än Hotell Finn.
5. Deckare är mer spännande än facklitteratur.
5. Carlssons kafé ligger centralare än Parkkaféet.
7. Maten här är bättre än maten som vi fick i går.

16

1.b.; 2.a.; 3.b.; 4.a.; 5.b.; 6.b.

12_Bättre och bättre dag för dag.

1

1. rädd; 2. trött; 3. stressad; 4. arg; 5. glad; 6. ledsen

2

1.g.; 2.c.; 3.b.; 4.h.; 5.a.; 6.d.; 7.f.; 8.e.

3

1. den goda maten, den perfekta servicen, de moderna rummen
2. den gamla matsalen, den nya
3. det stora gula rummet
4. det lilla kaféet
5. den gamla tiden, de fina miljöerna
6. det salta friska havet

4

1. brukar, spela; 2. jobbar, må; 3. åkte, var; 4. skulle, vara, ville, ha; 5. är, ge bort; 6. har, kan, besöka; 7. är, söker

5

badborste / badkläder / badskor
gymnastikkläder / gymnastikskor
halsduk / halstablett
handkräm / handduk
presentkort
näsduk
solkräm
tandkräm
tandborste

6

1. ben, fot, knä; 2. arm, finger, hand; 3. huvud, mun, öga, öra; 4. hals, rygg; 5. bröst, mage

7

1. Krya på dig!
2. Så synd! / Vad tråkigt!
3. Hur är det? / Hur mår du?
4. Jag hoppas att det blir bättre.
5. Jag mår inte bra. / Jag mår dåligt.
6. Jag mår illa.

8

1.b.; 2.a.; 3.a.; 4.b.

9

1. ögon; 2. fot; 3. händer; 4. finger; 5. öra; 6. knä; 7. ben; 8. armar; 9. tänder

10

1. om; 2. att; 3. om; 4. om; 5. att, om; 6. att

11

1. Jag mår inte bra.; 2. Jag har ont i halsen och ont i bröstet.; 3. Ja det tror jag.; 4. När kan jag komma?; 5. Då kommer jag då.

12

1. om; 2. i; 3. om; 4. i; 5. i

13

sjukdomar/krämpor: bryta benet, ha ont i huvudet, må illa, ha ont i ryggen, vara förkyld
goda vanor: dricka något varmt, sluta röka, sova mycket, ta det lugnt, äta frukt
motion: cykla, simma, spela fotboll, springa, åka skidor

14

1.b.; 2.b.; 3.b.; 4.c.; 5.b.; 6.c.; 7.c.; 8.b.; 9.c.; 10.a.

13_Det är en trevlig kille.

1

1. födelsedag; 2. nyår; 3. jul; 4. bröllop; 5. påsk; 6. studentexamen; 7. midsommar

2

1. man; 2. sambo; 3. mor / mamma; 4. kusin; 5. sonson / barnbarn; 6. syster; 7. bror; 8. far / pappa; 9. svärföräldrar; 10. moster

3

1. sjunde; 2. tredje; 3. fjärde; 4. första; 5. sjätte; 6. andra; 7. femte

4

1. Kalles; 2. Kalles; 3. Olles; 4. Olles; 5. Olles

5

1. sina; 2. deras; 3. hennes; 4. hennes; 5. hennes; 6. sin; 7. sina; 8. sina

6

1. Vad heter hon?
2. Vad sysslar hon med?
3. Hur gammal är hon?
4. Hur ser hon ut?
5. Varifrån kommer hon?
6. Var jobbar hennes pojkvän? / Vad sysslar hennes pojkvän med?
7. Vad heter han?
8. Hur gammal är han?
9. Hur är han?

7

Lösungsvorschlag
egenskaper: vara trevlig, vara hjälpsam, vara pratsam, vara sympatisk, vara sportig, vara snäll …
utseende: vara lång, kort, liten, smal, tjock, blond, snygg, vacker, ful; ha långt, kort, ljust, mörkt hår; ha glasögon; se bra ut

8

1. hjälpsam; 2. nyfiken; 3. sportig; 4. tystlåten; 5. trevlig; 6. utländsk; 7. pratsam; 8. vänlig

9

1. Jag tycker inte att han ser bra ut.
2. Nej det tycker inte jag heller.

3. Hans flickvän heter Annika och går på samma kurs som jag.
4. Killen längst fram med mörkt kort hår kommer från Danmark.
5. Jag är intresserad av att se bra filmer och att läsa bra böcker
6. Jag trivs bra att vara hemma med mina barn.
7. Jag har tyvärr inte tid att läsa.

10

1. ha bråttom / ha mycket lite tid
2. ha ljust hår / vara blond
3. hinna / ha tid
4. inte prata mycket / vara tystlåten
5. plugga / studera
6. se bra ut / vara snygg
7. tycka om / älska
8. vara nyfiken / vilja veta mycket

11

1.g.; 2.f.; 3.e.; 4.a.; 5.c.; 6.d.; 7.b

12

1. på; 2. om; 3. på; 4. av; 5. på; 6. om; 7. av; 8. på; 9. på; 10. om

13

1. i fredags; 2. i lördags; 3. igår; 4. idag; 5. i morgon; 6. på onsdag; 7. på torsdag; 8. på fredag

14

1b.; 2a.; 3a. ; 4b.

15

1.f.; 2.e.; 3.g.; 4.c.; 5.d.; 6.a.; 7.b.

14_Vad sysslar du med?

1

1.f.; 2.a.; 3.c.; 4.e.; 5.g.; 6.b.; 7.d.

2

1. är; 2. klipper 3. kunna; 4. se; 5. passar; 6. tycker om; 7. prata; 8. stå; 9. arbetar; 10. ser till; 11. trivs; 12. kunna; 13. tycka om; 14. arbeta; 15. tar emot; 16. kommer; 17. checkar in; 18. ger; 19. svarar

3

1. stressigt; 2. tråkigt; 3. tungt; 4. intressant; 5. anstängande; 6. farligt

4

1.f.; 2.d.; 3.a.; 4.e.; 5.b.; 6.c.

5

1. pärm; 2. sax; 3. kuvert; 4. lampa; 5. suddgummi; 6. USB-minne

6

1. disketter; 2. pärmar; 3. biljetter; 4. räkningar; 5. lampor; 6. saxar; 7. brev; 8. suddgummin

7

1.h.; 2.f.; 3.e.; 4.a.; 5.c.; 6.g.; 7.i.; 8.b.; 9.d.

8

1. mejla / dator; 2. messa / mobil; 3. skriva brev / penna; 4. prata / mun; 5. ringa / telefon; 6. skriva ut / skrivare

9

1.e.; 2.c.; 3.f.; 4.a.; 5.d.; 6.b.

10

1. Jag tycker om att prata med människor.
2. Vilka dataprogram känner du till?
3. Skriv in adressen till bankens hemsida.
4. Här fyller du i beloppet. / Du fyller i beloppet här.
5. Här skriver du in din kod. / Du skriver in din kod här.
6. Kan du skriva ut den här texten?

11

1. bodde, hette, låg, hade, älskade, var
2. flyttade, blev, fick
3. gifte, hade
4. var, ville, frågade, svarade, började
5. skrev, gav, fyllde
6. fick, började, blev
7. följde
8. dog

12

1. Innan; 2. Innan; 3. medan; 4. innan; 5. medan; 6. Medan; 7 innan

13

1. Jag har pluggat svenska på heltid i ett par månader.
2. Precis i dagarna börjar jag min tjänst på ett sjukhus i Sverige.
3. I söndags åkte jag och några tyska läkarkolleger skidor.
4. Jag har läst svenska på en kurs i Göteborg.
5. Vilka viktiga uppgifter har du just nu?
6. Kan du ge mig svar till i morgon?

15_Vad händer sedan?

1

1.g.; 2.e.; 3.k.; 4.d.; 5.h.; 6.c.; 7.f.; 8.a.; 9.i.; 10.b.

2

skolan: elever, gymnasiet, jullovet, välja program, sommarlovet, vara skoltrött, ämne
jobbet: arbetstider, bokföring, firma, byta jobb, lön, skatt, tjäna bra

3

1. på; 2. i/på; 3. om; 4. i; 5. På; 6. på; 7. om; 8. i

4

1. ska; 2. Kan; 3. ska; 4. behöver; 5. kan; 6. ska; 7. vill; 8. behöver

5

1.c.l.; 2.d.m.; 3.e.h.; 4.f.k.; 5.g.a.; 6.i.b.

6

1. Varannan dag arbetar hon på förmiddagen.
2. Vi träffas var tredje vecka.
3. Vartannat år firar vi jul i Sverige.
4. Jag intresserar mig för fotboll vart fjärde år.

7

1. känner; 2. känner till; 3. Känner du till; 4. Känner; 5. Känner du till; 6. Känner

8

1.; 4.; 6.; 8.; 9.

9

1. av, av; 2. i; 3. på; 4. hos; 5. av; 6. för; 7. på; 8. för

10

1. söka; 2. ta; 3. lära sig; 4. byta; 5. gå; 6. lösa; 7. svara; 8. passa

11

1. Du har fyllt tjugo år och har gått på gymnasiet.
2. Efter ett år i England talar jag flytande engelska.
3. Jag är inte rädd för att jobba mycket.
4. Jag tycker om att ha kontakt med kunder.
5. Jag kommer gärna och berättar mer om mig själv.

12

1.d.; 2.g.; 3.i.; 4.h.; 5.c.; 6.e.; 7.b.; 8.a.; 9.f

13

1. tror; 2. tror; 3. tycker; 4. tror; 5. tycker; 6. tycker

14

1. Vilken; 2. vilket; 3. Vilka; 4. Vilka; 5. Vilka; 6. vilket

15

1. sommarlovet, gymnasiet; 2. dagis, veckor; 3. elever, klassen; 4. skolan; 5. kompisar, dag; 6. turistbranschen, somrar; 7. saker; 8. naturen, miljön

16

1.c.; 2.c.; 3.a.; 4.a.; 5.b.; 6.a.; 7.b.; 8.a.; 9.b.; 10.b.

Repetition_3

1

1.c.; 2.c.; 3.b.; 4.b.; 5.c.

2

1.c.; 2.a.; 3.a.; 4.b.; 5.a

3

1.c.; 2.h.; 3.k.; 4.b.; 5.f.; 6.i.; 7.g.; 8.a.; 9.d.; 10.e.

4

1. som; 2. snällt; 3. ont; 4. tid; 5. ska; 6. Var / När; 7. måste; 8. gör; 9. börja; 10. vilja

5

1. fel; 2. rätt; 3. fel; 4. rätt; 5. fel

Bild- und Quellennachweis

7, 1, 3-5, 9, 10: Erwin Adams, Minden; **7, 2:** Klett-Archiv; **7, 6:** Stena Line, Göteborg; **7, 7:** Borrgården i Ljusdal, Ljusdal; **7, 8:** Christina Erikson, Göteborg; **17:** Schweizerische Gesellschaft für Ernährung (SGE), Bern; **42:** Saltkråkan ab, Lidingö; MEV, Augsburg; **43, 1:** Klett-Archiv (Silberzahn); **43, 2:** Stena Line, Göteborg; **43, 3:** www.imagebank.sweden.se (Kjell Holmner / Kjell Holmner / Göteborg), Sollefteå; **43, 4, 7:** Erwin Adams, Minden; **43,5:** www.imagebank.sweden.se (Hans Bjurling / Johnér Bildbyrå), Sollefteå; **43, 6:** Christina Erikson, Göteborg; **43, 8:** www.imagebank.sweden.se (Göran Assner / Swedish Travel & Tourism), Sollefteå.

Umschlag: 1: Corbis (zefa / Emely), Düsseldorf; **2:** Corbis (zefa / Benz), Düsseldorf; **3:** iStockphoto (RF / Mat Poom), Calgary, Alberta; **4:** www.imagebank.sweden.se (Richard Ryan), Sollefteå; **5:** Corbis (Macduff Everton), Düsseldorf; **6:** iStockphoto (RF / Lundgren), Calgary, Alberta